楚尘
文化
Chu Chen

北京楚尘文化传媒有限公司 出品

他人的自私

论自恋恐慌

THE
SELFISHNESS
OF OTHERS

An Essay on the Fear of Narcissism

KRISTIN DOMBEK

[美] 克里斯汀·邓贝克 / 著 金玲 / 译

中信出版集团 | 北京

图书在版编目（CIP）数据

他人的自私：论自恋恐慌 /（美）克里斯汀·邓贝克著；金玲译. -- 北京：中信出版社，2021.8

书名原文：The Selfishness of Others

ISBN 978-7-5217-3256-6

Ⅰ.①他… Ⅱ.①克… ②金… Ⅲ.①人际关系学－通俗读物 Ⅳ.①C912.11-49

中国版本图书馆CIP数据核字（2021）第140294号

本书简体中文版由楚尘文化与中信出版集团联合出版

他人的自私：论自恋恐慌

著　　者：[美]克里斯汀·邓贝克
译　　者：金玲
出版发行：中信出版集团股份有限公司
（北京市朝阳区惠新东街甲4号富盛大厦2座　邮编　100029）
承 印 者：浙江新华数码印务有限公司

开　　本：787mm × 1092mm　1/32　　印　　张：6
字　　数：97千字
版　　次：2021年8月第1版　　印　　次：2021年8月第1次印刷
京权图字：01-2021-3845
书　　号：ISBN 978-7-5217-3256-6
定　　价：49.00元

我敢打赌你认为这歌是在写你。

——卡莉·西蒙

目录

冷酷的人们

这种新的自私出现在我们眼前时，我们都能辨认出来。它出现在那位亚特兰大女孩的笑声中，为了能够前往自己的十六岁生日派对，她要求关闭城里最繁忙的交通要道，尽管马路对面有一家医院。它出现在她回应派对策划师的语气中，策划师指出交通问题，她却说："我才不管那些车要去哪里，我的甜蜜十六岁花季要比它们重要得多。"[1]当策划师指出附近有家医院时，她咯咯笑道，救护车可以"绕道走"。它出现在那个女孩的态度里，她毫不在乎病人和垂死之人，可在商店里，在和派对策划师聊了一会儿后，别人让她试穿几条难看的

1　"艾莉森"来自音乐电视网（MTV）《我的甜蜜十六岁花季》（*My Super Sweet 16*）2007年1月8日播出的第四季第一集。同时也引自Jean Twenge and W. Keith Campbell, *The Narcissism Epidemic*. New York: Simon & Schuster, 2009， p.101。

裙子时，她却在乎得要命，毕竟，如果不能比其他人更性感，她又何必去参加自己的派对呢？它出现在那个女孩做这一切的方式里，她不仅做了这些事，而且还恬不知耻地面对镜头，在MTV的真人秀节目《我的甜蜜十六岁花季》里做了这些事。对千禧一代而言，他们对一切都是这种态度。

它出现在那位职业坏男友的笑容里，他的网站主页上有一行大字："我是混蛋！"这几个字的旁边是一张照片，照片中他揽着一个脸被挖空的女人，空白的地方写着："把你的脸放在这儿。"这张照片是他某本书的封面，他写了一些关于醉酒和滥交的书，这些书为他赢得了名声和一小笔财富。他的粉丝视他为英雄，他们发起了一场运动，靠侮辱女性和不时地提出分手或者干脆消失来获得对女性的掌控力。凑巧他也出生在亚特兰大，这也许重要，也许不重要。它出现在这样一种现实里：我们越来越难以想起，肤浅浮夸、善于玩弄他人的混蛋在以前是不是也是一种值得自豪的身份，而从前的人们是不是也把对方当成个人品牌的装饰品，随意出售交换。

最可怕的时候，它出现在杀人犯微笑的脸上。这个人在一处政府办公区引爆了汽车炸弹，造成8人死亡；紧接着他来到一座岛上，一群青少年正在那里参加夏令营，他残忍地杀害了他们中的69个人，尽管他们四处逃散，有的甚至试图跳水逃命。最终被捕落网后，在警察局拍摄照片时，他露出了得意满足的笑容。当被问及对受害者和他们的家人是否心存同情时，这个人丝毫不提他们的痛苦，反而大谈特谈自己的苦难，比如见到那么多鲜血对他造成了巨大创伤，比如抱怨自己手指被割伤，比如声称做这一切都是为了传播他那份反女性、反穆斯林的宣言——这份宣言有1500多页，和他的脸书（Facebook）页面一样，宣言里有许多他身穿圣殿骑士团[1]服装、面带笑容的照片。它出现在所有类似杀人犯在脸书上发布的照片和咒骂里。他们在网上发布这些内容，然后携带枪支走进学校或电影院，仿佛那短暂的名声值得任何人的生命，甚至包括他们自己的生命。

在这些笑声、笑脸、怒骂和暴力中，我们见到了一种冰冷的残酷，毫无共情，有的只是对他人注意力的无限渴求。根据舆论现状来看，我们日益害怕的正是这种

1　圣殿骑士团（Knights Templar）：曾是欧洲历史上最富有、强大的天主教军事修士会之一，创立于1119年，1314年被教皇克雷芒五世宣布解散。——译者注

自私，因为越来越多的言论把这些年轻人和坏男友与杀人犯归为同一类人——自恋狂。

但是，自恋狂到底有什么问题？这更让人难以回答。如果你看到杀人犯脸上露出微笑，你得快逃。但如果你运气不好爱上了某个人，而他突然之间变得只在乎自己，丝毫不介意会伤害到别人。当他不需要你时，他上一秒还非常亲热，下一秒就玩失踪；他要么沉迷于自己，要么非常容易感到受伤，因此一旦受到批评，他便会暴力相向或者大发雷霆。你眼睁睁看着他变成了另一个人，或者，他声称会去找你，但一转身便逃之夭夭。如果你爱上的人似乎拥有这种21世纪特有的自私，无论是以某种微妙的还是明显的方式（后者显然更糟），你很有可能会上网寻求帮助。在网络上，你会被告知，没错，你深爱的人和那些杀人犯有着同一种精神障碍，一种新的自私，尽管范围不同，但和那些所谓的邪恶化身在本质上类似。在互联网励志自助空间里，有很大一个区域可以被尴尬地命名为自恋空间[1]，在那里，你会读到一个故事，它能彻底改变你看待一切的方式。如果你开

1　原文为narcisphere，是作者将narcissism（自恋）和sphere（范围、领域）拼起来造的新词。——译者注

始相信这个故事，它会带给你一种诡异但略带刺激的感觉，就好像你活在电影里一般。一切非常熟悉，你仿佛曾经看过这部电影，同时它又有点可怕，但你拥有剧本里最重要的角色。你是主角，而这部电影的发展或多或少是这样的。

*

最初，自恋狂无比迷人，甚至温柔体贴。过了一段时间后，他似乎变得自我膨胀。这里可以是“他”，也可以是“她”，但我们就暂且用“他”吧。如果你认识类似的人，你一开始能想到的形容词就是这个：自我膨胀。但是自恋狂是空洞的（empty）。

健康的正常人充满自我意识，那是一种类似灵魂或者人格的东西，如果你拥有这东西，它会温和地从你的体内散发出来。没人知道它到底是什么，但大家都同意自恋狂没有这种东西。然而，令人不安的是，他们通常比别人更擅长表现得像是自己拥有这种自我意识。因为他们的内心是空洞的，他们必须模仿他人的自我，从而发明出一种看起来或听起来类似的东西。自恋狂是出色的模仿者。那个杀人犯的宣言里大部分内容都是抄袭来的，明显而又拙劣，不过通常情况下，自恋狂非常善于模仿，你甚至都不会留意到。而且，他们不会复制自我里微小、无聊的部分。他们取走自认为别人的自我里最强大、最引人注意的部分，然后为其制造出貌似无比强大的全息影像。我们称之为“自我性”[1]，这是加强版的自我模拟物。他们有时似乎疯狂，又或者真的非常无聊，但通常，也许因为和大多数人相比他们必须花费更多精力才能达成目标，所以如果你第一次遇到他们营造出的自我性，你会发现，它的质量比健康的正常人身上那普普通通、天然形成的自我要高得多。自恋狂是学校里最受欢迎的学生。他们是摇滚明星。他们是电影明星。他们并不一定真的是摇滚明星或电影明星，但他们表现得自己真的是明星一般。他们可能会告诉你，你是唯一一个能看清他们本质的人——这可能是个诡计。如果你的父亲或母亲是自恋狂，他或她会告诉你，你也是摇滚明星，这必然是个诡计。

因为对自恋狂而言，他对你的欣赏完全取决于你能否帮他保持自我性。如果你做不到这一点，又或者当你在他身边时别的人或事不能帮他保持自我，那么只有

1　原文为selfiness，是作者将self（自我）和ness（通常用来表示名词的词根）拼起来造的新词。——译者注

上帝能帮到你了。当那个画面破碎时，他受到的伤害和他的愤怒会展现出无可比拟的热度，又或者，在大部分情况下，展现出无可比拟的冷酷。他会在社交媒体上和你解除好友关系，停止关注你的动向，不再回复你的邮件，彻底不和你说话。他会背着你出轨，而且完全不把这当一回事；或者他会和你分手，尽管他说过要永远和你在一起。他会无缘无故对你发火。怎么最能让你受伤，他就会怎么做。你最需要的东西，他通通不会给你。他无法体会别人的感受，但诡异的是，他非常善于发现什么能摧毁你的感受。当这一切发生时，让你痛苦的是，你发现自己一直以来都愚蠢地坚信一个错误的想法：你相信因为这个混蛋爱你，所以这个世界会比平常更美好，相信和世界上其他人相比，这个世界对你而言更美好。

不是说自恋狂只不过不是个好人：他是我们通常所谓的“不是个好人”的讽刺漫画版。他不仅仅是坏人；他是活生生、会呼吸的教训，为我们展示坏人是什么样的。举个例子，根据伊曼努尔·康德的精妙公式，所谓做正确的事便是：你的行为能被归为通用法则。每一次你都能选择做正确的事，只要你问自己：如果大家都这么做，这个世界会不会变得更好？理性永远都会把你引向正确答案和必然结果，即我们不能把对方当成手段，而应该当成目的。自恋狂却与之相反，如果大家都依照自恋狂选择的方法行事，那么这个世界就会立刻变成地狱。

你可能要花上一段时间才会意识到，自恋狂不仅自私自利，而且事实上缺乏自我。当你意识到这一点时，你会觉得非常可怕，因为一直以来他非常善于表演你所认为的关心。现在你能看清，他其实很像木偶、小丑、会动的尸体等玩意儿，看起来和人很像，但其实不是人。对自恋狂来说，人生只是舞台，《自恋——否定真正的自我》（*Narcissism: Denial of the True Self*）的作者亚历山大·罗文（Alexander Lowen）如是写道，维基百科上关于自恋的条目也引用了他的这句话。他还写道："当表演落幕时，一切都结束并被遗忘。这种生活的空洞远超乎常人的想象。"[1]你可能会强调：这样活着真可怕，必须一直模仿自我性。你可以富含同情心地想——亲密关系问题，依恋类型，某些儿时的创伤，这都在他们自己能控制的范围之外——或者你可以判定，你的恻隐之心其实是你上

---

1 亚历山大·罗文，引自"Narcissism"。Wikipedia: accessed January13, 2014。

当受骗的另一个标志：因为根据因果关系，自恋狂根本没有共情能力，所以你的共情对他来说只不过是掌声，而他不仅仅虚伪，而且邪恶。

如果你为自恋狂工作，或者你是自恋狂的孩子，又或者你爱上了自恋狂，你应该怎么做呢？一些心理健康工作者认为，你可以通过某种方式爱自恋狂，但你得把他当成六岁小孩，并且对其不抱有任何期待。有些从业人员则认为，自恋狂可以改变。你将永远在这两种理论间徘徊。在互联网上，改变理论是少数意见；几乎所有人都建议说，如果自恋狂开始纠缠你，你得赶快躲开。一名博客主这样写道："第一次遇到自恋狂你该怎么做？答案很简单：穿上运动鞋，开始你的第一场五千米赛跑，就在鸡尾酒会进行过程中！"[1]

如果你认识的某人可能有这种新的自私，而你开始思考自恋理论里的逻辑，有些事可能会让你感到不安：如果他的内心是空洞的，那在这个自恋狂的内心里，到底是谁或者是什么东西在试图模仿拥有自我的样子？如果他什么都不是，只是一场表演，那么到底是谁或者

1 Tina Swithin, "8 Red Flags That You May Be Dating a Narcissist Like the One I Married", From xojane, December 18, 2012. www.xojane.com/sex/narcissists-should-come-with-warning-labels.

是什么东西在表演？他是不是通过另一个同样虚假的自我性来给他的自我性注入活力？可是，到底是什么在给那部分注入活力？如果关于自恋的描述有时不太合情合理，那么它们为什么能如此可怕而又准确地描述出大多数前男友和那么多老板的情况？还有，为什么拥有男朋友或者老板就像是一个纠缠你的恶棍一样呢？如果对这个纠缠你的恶棍可怕而又准确的描述暗示着他不在正常心理健康范畴内，而是在病理学的边缘诡异地徘徊，和一个会在岛上猎捕孩子并杀死所有能抓到孩子的男人拥有同样的精神障碍，或者至少拥有同样的病理表现，那为什么（在那些你悄悄埋藏在自己内心深处的时刻里）这些描述有时候让你想起另一个完全不同的人，也就是你自己？为什么互联网上对遇到那些看起来或听起来像真的但实际上是虚假的人的这样梦魇般的描述，让你觉得和浏览互联网本身的感受非常相似？

根据自恋剧本，你没有时间去顾及这些问题；没有时间去做任何事情，除了穿上运动鞋开启你的第一场五千米赛跑。这很可能不会是你最后一场赛跑。在今时今日，你得一次又一次跑得远远的。因为这种新的自私的故事不仅仅关乎你的男朋友，还关乎千禧一代或者杀人犯。博客《心理学今天》（*Psychology Today*）的作者，以及《单项关系手册》（*The One-Way Relationship Handbook*）、《无法取悦》（*Impossible to Please*）和《有毒的同事》（*Toxic Coworkers*）等书的合著者尼尔·J.拉万德（Neil J. Lavender）写道：“和许多心理健康从业人员一样，我们相信如今在美国生活的自恋狂比以往任何时候都多，首当其冲的就是千禧一代。我们这种认为一切皆我应得的态度，这种摇滚明星般‘一切都围着我转’的想法，似乎是滋养自恋狂的沼泽。”[1]只需随意点击几下，就会看到无数持类似态度的博客、文章、专题、书籍，一场从美国开始的自恋症疫情正快速传播，甚至连欧洲人都变得更自私，而在中国，由独生子女政策造成的“小皇帝”症候群加剧了这种精神障碍，那里的千禧一代甚至更是以自我为中心——自恋在我们生活的时代如此猖獗，到处都是将虚假的自我伪装成真正的自我。他们自私自利，需要靠吞噬其他自我为生。与历史上其他时代相比，这个时代充满了

1 Neil J. Lavender, “3 Key Tells That You’re in a Relationship with a Narcissist.” Psychology Today, August 22, 2013. www.psychologytoday.com/blog/impossible-please/201308/3-key-tells-youre-in-relationsihp-narcissist.

具有传染性的空洞，我们的时代完完全全独一无二。

*

现在是美国东北部的冬天，天气寒冷。一种叫作“极地涡旋”的东西正盘旋在这个国家的北部。暴风雪一场接着一场。这些风暴都以希腊神话里的诸神命名，它们按照字母顺序到来，就像飓风一样：阿特拉斯（Atlas）、波瑞阿斯（Boreus）、克里昂（Cleon）、迪昂（Deon）、厄勒克特拉（Electra）。在芝加哥和明尼阿波利斯，体感温度只有-34℃。电影《冰雪奇缘》是这个冬天的票房热门，电影主打歌是《随它吧》（*Let It Go*），唱这首歌的公主把她的王国冻成了冰，这一切让人误以为这种天气只不过是迪士尼市场宣传活动的一部分。时下最流行的手机App是交友软件Tinder，自拍（selfie）入选为年度词汇，一项新研究发现，我们的语言正变得比以往更以自我为中心。你可以在歌词、小说、非虚构作品里找到证据。美国作家使用“我”这个词的次数比1960年多42%。[1]互联网上流传着一张

1 Jean Twenge, W. Keith Campbell, and Brittany Gentile, “Changes in Pronoun Use in American Books and the Rise of Individualism, 1960—2008”, *Journal of Cross-Cultural Psychology* 44, no. 3 (2012): pp.406−415.

奥巴马的图片，上面写着“奥巴马在一次演讲中用了117次‘我’，并同时在水面行走”。主流文学界已经读了那套3500页长、总共六册的自传小说的前两卷，这套小说详细描写了一个和善但充满焦虑、自我沉溺的挪威男人每日生活的琐碎细节。在这样的冬天，人很容易就会发现自己弓着背在电脑屏幕前惊恐地盯着看他人如何宠溺自己，然后抬头发现自己的朋友不停地谈论他们自己，他们的话语被“冻住了”，不停地重复着“我”“我”“我”。你听他们讲话，怀疑他们是否还记得你的存在，就像看着奥维德神话里的纳西瑟斯[1]俯身面对平静的水面，沉浸在史上第一张自拍中。

如果现在越来越多的人变得更虚伪邪恶，把剩下的我们当作工具，用以填补他们那带传染性的空洞，那么康德的精妙公式则无法成立。他的公式假设，因为理性是我们的向导，所以在大多数情况下，人们希望别人怎么做，自己就会那么做。但这还不是最糟的，面对单个自恋狂的推荐措施——放弃、逃跑——也无法量化。如果自恋狂的数量在增长，而人人都同时以参加五千米赛

1　原文为Narcissus，是希腊神话中一位自负的美少年，他在池水中看见自己的脸，便爱上了自己的倒影，无法自拔，并终于死在池塘边。narcissism（自恋）即源于此。——译者注

跑的方式来摆脱别人，这将会带来严重的人流问题。不过，暂且把这些搁一边，这种策略正是重演了诊断结果里所描述的那种冷酷，就好像逃避感染这种空洞的唯一方式就是把自己变得像自恋狂一样，远离任何如同电脑屏幕画面一般扁平虚假的人，也就是逃离21世纪本身。如果大家都这么做，那真的会演变成一场瘟疫。这个剧本确认了其本身，而诊断和治疗方案却让证据显得令人费解，直到我们越来越难以理解，人们是否真的比以前更自私。这样看来，不管这场瘟疫是不是真的都很重要，但更重要的是，我们是不是相信它是真的。

不过，关于他人的自私这个问题很快就会引出一个困难的问题，也就是我们如何了解关于别人的一切，它同时也涉及另一个颇费脑筋的问题，即我们如何认知事物。所以我腾出一大块时间，把自己关在和男朋友同居的公寓一侧的一个小房间里。令人怀疑的是，这个男朋友和那个千禧一代女孩以及职业坏男友一样，也来自亚特兰大，这个趋势可能需要进一步研究。这是一个奇怪的无窗房间，高度是宽度的两倍，出于某些原因靠近天花板的地方有一些电源插座，门上有一个猫眼——就像是公寓中的公寓。这不是个好房间，但我在这里，四周非常安静，这种安静只有在积雪达到30厘米或60厘米深时才会有。我在这里观察这个世界，透过一个狭窄的猫眼，即我的电脑屏幕。我在自己能承受的范围内尽可能广泛地阅读互联网上的内容，访问各类链接到的网页，试图把自恋症疫情这个问题刨根问底。我希望我的这番努力能为你节省点时间。

关于背景我说得够多了，不过这又带来了故事的另一个版本——在杀人犯、千禧一代女孩、坏男友这份名单上又添加了一个坏蛋角色：艺术家，或者更确切点，作家。前一阵子我参加了一个专题讨论会，主题是作家的自我——我——在写作中的呈现。参与讨论的是三位备受尊敬的作家：两位女性回忆录作家，以及一位文学研究学者，男性。随着讨论的进行，这个男人开始谈论文学中“我”的自恋问题。他说，刚开始写作时，人们通常从自己的个人经验出发，以第一人称单数写作。但长大后，他们开始写“他”和“她”，而不是“我”，慷慨地以“我们”的名义进行创作。第三人称，他解释道，没有第一人称那么自私，同时也更真实：如果作家不挡在中间，读者更能产生同情。

在那个最初的谴责小说的故事里，这是一个新的转折。这个故事经由柏拉图讲述，他要把诗人驱逐出理想国，因为他们的虚假阻碍我们认识真相。这个故事也经由弗洛伊德讲述，他把艺术家和作家同罪犯归为一类，在他对这些幼稚、虚荣、自负的人物的描述中，他们永远长不大，不会应对祛魅后的世界，取而代之的是，他们将自己的自我充斥于整个世界——弗洛伊德是最早一批把这类人归为自恋狂的心理学家。不管怎样，我之所以对瘟疫这个问题感兴趣，是因为我想知道如何去感受这个世界，感受每一个人如何采取行动，同时也因为我替未来担忧。不过，如果告诉你这当中也有我的个人因素，恐怕你也不会吃惊。我是随笔作家，每天都在写“我”这个词，而每次落笔时我都很紧张。更重要的是，我不希望你觉得我是在自我沉溺。所以我尝试客观地讨论自恋症疫情这个问题。如果使用“我”这个词变成了自恋症的一种表现，你永远都不会再听到我发言。

不过这当中也有危险。专题讨论会上的女性回忆录作家可能有充分的理由从“我”出发，描写关于“我”的事，但我们并没有听到她们发言。在那位文学研究学者谈论第三人称写作的慷慨大方、客观性、创造共情的成熟能力的时候，她们偶尔尝试发言，为了帮助她们，主持人也直接向她们抛出问题。但那位学者滔滔不绝地说着，他并没有说“我这么认为”，而是说“这就是事实”“事情就是这样”，他说个不停，而在观众群里，我感到越来越难以呼吸。

自恋型人格障碍诊断标准

一种普遍的行为模式，狂妄自大（表现在幻想或行为中），渴望赞扬，缺乏共情，起始于成年早期，存在于各种背景下，症状包括以下几种（或更多）：

对自我重要性具有夸大感（例如，夸大成就和才能，期望被人认为自己高人一等，却没有相应的成就）。

沉溺于幻想自己获得无限成功、权力、才华、美貌或理想的爱情。

坚信自己是“特殊”且独特的，认为自己只能被其他特殊或地位高的人（或机构）所理解，或只能与这类人（或机构）交往。

过度需求赞美。

有一种优越感（不合理地期望获得特殊优待，或期望他人自动顺从其意愿）。

在人际关系上剥削他人（为了达到自己的目的而利用他人）。

缺乏共情：不愿识别或认同他人的感受和需求。

常常妒忌他人，或认为他人妒忌自己。

行为或态度狂妄傲慢。

摘录及授权自美国精神医学学会出版的《精神疾病诊断与统计手册》（*Diagnostic and Statistical Manual of Mental Disorders*，*DSM*）第五版（2013年版）

瘟疫

所谓拥有人格障碍指的是——至少根据这个职业的圣经《精神疾病诊断与统计手册》——成为自己生命中的局外人，对自己的文化感到陌生。事实上，根据*DSM*，“判定一个人的行为是否与其文化中所期待的大相径庭”[1]，是将人格障碍与焦虑、抑郁及其他精神折磨区别开的一项重要标准。你“拥有”那些折磨；它们会出现也会消失。人格障碍则定义了你这个人。在自恋型人格障碍（Narcissistic Personality Disorder，NPD）这个问题上，这意味着一个人的整个成人阶段都被贴上自大和善于玩弄他人的标签，出于虚荣，将自我和他人进

1 American Psychiatric Association, *Diagnostic and Statistical Manual of Mental Disorders*, 5th ed. Washington, D.C., 2013, p.645.

行理想化，在受伤回避、冷酷和残忍之间无限交替。虚荣和理想化是自恋狂的特点，不过被诊断为患有自恋型人格障碍的人与其他人格障碍患者，尤其是边缘性人格障碍患者，拥有同样一种特征，这个特征让这些人几乎无法与他人发展关系，也难以长时间地维持同一份工作：他们的自尊心相当脆弱，时时刻刻觉得受到威胁。为了保护自己，他们会采取一种叫“分离”的方法：把世界分成好和坏两类，如果他们认为某个人或某种体制给他们造成伤害，他们就会把其归为“坏”的那一类，永远都不会再信任它。在最好的情况下，这让他人难以与他们相处。在最坏的情况下，他们就是安德斯·布雷维克（Anders Breivig），即那个杀人犯，他在审判过程中被诊断为患有自恋型人格障碍，安·曼内（Anne Manne）的书《我的生活——新自恋文化》（*Life of I: The New Culture of Narcissism*）便是以他的案例开头的。

自从1980年自恋型人格障碍首度成为诊断结果被收录进*DSM*以来，美国精神医学学会曾宣称，全美国人口中不到1%的人患有自恋型人格障碍，*DSM*第五版里的数据则是令人费解的0～5%的人口，最保守地说，这个区间表明心理学家用来界定和衡量这种精神障碍的方法和定义之间存在很大差异。但是很多心理学家、记者、博客主在过去十年间认为，一种过去曾用来描述那些无法融入我们或者无法和我们相处的人的人格障碍，现在日益成为一种最能描述我们中大多数人的标签，自恋型人格障碍不再与我们文化中所期待的行为大相径庭，而正成为我们的文化。

世界上最坏的男朋友塔克·麦克斯（Tucker Max）的成名可能是证据之一。他吹嘘自己患有自恋症（由心理医生确诊），并以此赚取了上百万美元。艾莉森·马蒂斯（Allison Mathis），也就是那个想要关闭亚特兰大繁忙的桃树街的千禧一代女孩，可能是另一个证据。艾莉森是吉恩·特温吉（Jean Twenge）和W.基斯·坎贝尔（W. Keith Campbell）2009年出版的极具影响力的著作《自恋症疫情》（*The Narcissism Epeidemic*）中的证据A——他们远程将她的病情诊断为"近乎反社会的自恋症"[1]，同时又把她列为千禧一代自我沉溺的标志，是她那一代人的典型，特温吉在之前一本书里把千禧一代称为"自我一代"。

在《自恋症疫情》中，特温吉和坎贝尔报道了2008

1 Twenge and Campbell, *The Narcissism Epidemic*, p.101.

年的一项研究结果，而这项研究正是一切的开始。他们和萨拉·康拉斯（Sara Konrath）、乔舒亚·D.福斯特（Joshua D. Foster）及布拉德·布什曼（Brad Bushman）合作，在1979—2006年间，收集了16 475份由美国大学生填写的调查问卷，并对问卷结果进行元分析。他们的研究显示，千禧一代的自恋人格量表（Narcissistic Personality Inventory，NPI）得分比以往任何一代人都要高，其增长速度甚至高于肥胖症的增长速度。他们指出，在二十几岁的美国人里，十个人中就有一个“有过自恋型人格障碍的症状”[1]，而在所有美国人中，十六个人中就有一个有过这样的症状。类似的研究被主流书籍关注到，比如《揭露自恋狂》（*Narcissists Exposed*）、《为什么一切都和你有关？》（*Why Is It Always About You?*）、《我的爱慕对象在我的倒影之中》（*The Object of My Affection Is in My Reflection*）、《征服自恋狂》（*Disarming the Narcissist*）和《隔壁的自恋狂》（*The Narcissist Next Door*），这些研究还反复登上了杂志的封面文章，比如洛里·哥特利布（Lori Gottlieb）的《自尊邪教如何摧毁我们的孩子》（*How the Cult of Self-Esteem*

1 Twenge and Campbell, *The Narcissism Epidemic*, p.2.

Is Ruining Our Kids）（发表在2010年7月/8月的《大西洋月刊》[*The Atlantic*]），或者乔尔·斯坦（Joel Stein）的《我我我的一代》（*The Me Me Me Generation*）（发表在2013年5月的《时代周刊》[*Time*]），这些研究同时也在自恋空间的博客和社交媒体网站红迪网（Reddit）的社区里被反复讨论。

要弄明白一种人格障碍的特征是如何像疾病一样在文化中传播很容易。当你看到别人完全只在乎自己的性感程度而不去理解体会他人的感受，你也会这么做，就像飞机上的乘客不得不放倒椅背，因为他们前排的乘客先把椅背放倒了。很快，我们便都生活在"那架飞机上，而自恋的疾病在稀薄、反复循环的现代美国文化中像病毒般传播开来"[1]，特温吉和坎贝尔如是写道。他们邀请我们加入他们所扮演的医生角色：《自恋症疫情》一书的结构就像一本流行病学指南，或者*DSM*中的一个条目，书中的章节标题为"诊断""根源""症状""预后及治疗"。

跟随这些社会心理学家的脚步，博客主、记者、专家们不仅诊断了名人卡戴珊家族、说唱歌手坎耶·维

1 Twenge and Campbell, *The Narcissism Epidemic*, p.56.

斯特、唐纳德·特朗普，还诊断了真人秀心理学家菲尔医生，脱口秀主持人奥普拉·温弗瑞，灵性导师埃克哈特·托利，歌手碧昂丝、Jay Z，以及所有执政期间和妻子以外的女性发生性关系的男人——前国会众议员安东尼·维纳（Anthony Weiner）、纽约州第54任州长艾略特·斯皮策（Eliot Spitzer）、前国会众议员马克·桑福德（Mark Sanford）、前底特律市长夸梅·基尔帕特里克（Kwame Kilpatrick）、前国会参议员约翰·爱德华兹（John Edwards），以及前总统比尔·克林顿，这些只是众多政客中的一部分。自恋症是人们最喜欢的对任何反对党领导人的诊断——如果前共和党籍国会众议员保罗·莱恩（Paul Ryan）不是自恋狂，那么民主党籍国会众议员南希·佩洛西（Nancy Pelosi）就是自恋狂——同时也是人们最喜欢的对反对党政策的诊断：如果平价医疗法案不是自恋的，那么私有化联邦医疗保险就是自恋的。网上流传的众多有关总统自恋症的表情包中有一个就是把奥巴马总统的照片叠加在冗长的*DSM*对自恋型人格障碍的完整定义上。明星和领导人当然经常被指控患有自恋症，但现在当他们被如是指控时，他们被当成是这个世界日益增长的问题的典型。举个例子，《赫芬顿邮报》（*Huffington Post*）博主艾克·奥古（Ike Awgu）

认为，爱德华·斯诺登就是由社交媒体养大的自恋一代的典型："推特（Twitter）让他们相信自己被人关注，无比特殊，他们想象自己和明星以及其他他们'关注'或'喜欢'的人'联系密切'。互联网帮助创造了整整一代被蒙蔽的自恋狂。"[1]

如果自恋症已变得更有流动性、更广为传播，而其症状散布在所有人群中，它同时也变得更变幻莫测，不仅被心理学家跟踪调查，也被能辨认出其不同变种的博客主和记者所关注。如果你"鲁莽""自信""试图跻身上流社会"，你就是阴茎自恋狂（Phallic Narcissist）。如果你所在的团体认为其成员比世界上其他人都要特殊，那么你的团体拥有集体自恋症。如果你是某个团体、公司或国家的领导，而你的行为不是出于关心你所领导的对象，而是自己的自大自负，那你就是自恋型领导者。如果你所在的文化认为诸如金钱等肤浅的权力象征更重要，而你所关心的一切就是追逐这些象征，那么你是在参与文化自恋症。如果你是企业领导，而你的脑中只有一件

1 Ike Awgu, "Edward Snowden Is No Hero". www.huffingtonpost.ca/ike-awgu/edward-snowden-narcissist_b_3484207.html.

事——赢利，那么你就是企业自恋狂。如果你的公司只关心自己的利益，无论是出于过高还是过低的集体自尊，而你们采取的行动不切实际，忽略现实，那么你的公司就有组织自恋症。如果你是医生，但不肯承认诊断错误，那么你就是医疗自恋狂。如果表面上你的床上功夫非常了得，并且寻找多位性伴侣来确认这一点，在他们身上你看到的不是他们本人，而只是你自己床上功夫的倒影，并且你这么做只是为了弥补表面之下真实的空洞与不足，并非出自对这些伴侣的真正关心，而且你无法体验真正的亲密关系，那么你就是性自恋狂。如果表面上你认为自己非常注重精神需求，需要宗教体系和实践来确认这一点，并不是把它们当成实现真心关心他人的途径，而只是一个故事，用来确认你的灵性以及和“宇宙”或其他你所拥有的东西的联系，而你这么做只是为了弥补真实的空洞与不足，而非在神灵和无条件的爱面前放低身段，体检真正的宗教，那么你就是灵性自恋狂。如果你是科学家，认为自己是天才，因而经常主导餐桌上的讨论，并且认为可以和你所研究的年轻男子发生性关系，那么你就是白大褂自恋狂。如果你正常、健康，但突然出了名，或者在脸书上有超过1 000位好友，同时还有孩子，以及/或者习惯去高级餐厅吃饭，给食物拍照，那么你可能感染了习得性自恋症。如果你说话时就当周围没有其他人，甚至，或者说在你偷偷摸摸表现出这种态度时，房间里的其他人都没意识到你一直在把话题引到你自己身上，哪怕你是在说一些和自己相关但看似谦虚的话，好让大家可以放心谈论一会儿你，又或者如果你是那种可以不停地讲话的人，那么你就是谈话自恋狂。如果你试图表现得慷慨大方，公开支持重要的政治事业和慈善机构，经常谈论关怀和共情，并且通常表现出与大众所认为的自恋狂相反的行为，那么你就是公共自恋狂。

这些对空洞的诊断是否在测量同一种空洞的不同表现？吸走房间内聊天空气的人和点燃聊天空气的人，无法保持一份工作的人和领导某个机构的人，对自己的看法过度乐观积极的人和过度谦虚的人，拿走一切的人和给予一切的人，这些人怎么会有同一种精神障碍？自恋空间里有无数文章帮助回答这些问题，标题包括“5个早期警告信号表明你和自恋狂在一起”和“18个迹象表明你正和自恋狂打交道”。这些文章建议，第一次见面时我们就得寻找征兆，进行一些测试，像刺刀般划开可能会迷惑人的烟幕屏障，比如表面上的友好、令人陶醉的热情和生活乐趣，纯粹的迷人的性魅力。比如，《4招教你从问候开始制伏自恋狂》建议你“设立边界”“寻找互惠互助”“切勿倾出所有”，并且“测试言语是否转化成行动”。

尽管有这些指南的帮助，如果你仍最终爱上了某个可能是自恋狂的人，那么你可能会感到困惑孤单。就像www.lisaascott.com网站的作者丽萨·A.斯科特（List A. Scott）所说的，“没人知道爱上自恋狂是什么感受”。除了互联网上的人，如果你读下去，你还会发现www.narcissismuncovered.com（解谜自恋症网）、www.narcissismaddictionabuse.com（自恋型虐待网）、www.thenarcissisticlife.com（自恋生活网）、www.narcissismsurvivor.com（自恋症幸存者网）、www.narcissism-answers.com（自恋症答案网）、www.narcissismcured.com（治愈自恋症网），以及www.narcissismfree.com（挣脱自恋症网）等网站，最后这个网站声称，当你“在灵魂上被强奸”时，它能为你指明“通往回归自我的道路”。你会发现自己的生活被似乎认识你的完美陌生人以精确到诡异的程度描述出来，而评论区里则充斥着感激的认同。“这篇文章‘太准确了’！我甚至期待在文章最后看到我前男友的照片。”

这是PsychCentral（心理中心）网站上《4个警告信号表明你正和自恋狂谈恋爱》文章下的评论之一。“我还在考虑和他重新在一起，不过读了这篇文章后……绝对不可能！”评论者互相比较各自的故事：出轨的丈夫，突然变得冷漠的男朋友或朋友。“这个人的冷漠方式有点不太正常。”他们分享各自的意见：如何离开，如何应对自恋创伤后应激障碍，如何通过法律途径让前配偶的自恋型人格障碍得到专业人士的确认，以便防止他接触你们的孩子。

在这些网站的陪伴下，你可以开始你的“治愈之旅”。这些网站把你引向各类书籍，而书的作者正是网站的作者，这些书试图帮你深入理解你已掉入的陷阱，向你展示如果没有类似thenarcissisticpersonality.com（自恋型人格网）等网站上大量宝贵资料的帮助的话，你几乎不可能逃出陷阱。自恋型人格网会邀请你购买《当爱变成谎言》（*When Love Is a Lie*）和《停止旋转，开始呼吸》（*Stop Spinning, Start Breathing*）等书。如果你的母亲有“自恋症”或者是“自恋狂”，而你是女性的话，你会找到www.daughtersofnarcissisticmothers.com（自恋狂母亲的女儿网），在这个网站上，戴努·莫里根（Danu Morrigan）想帮助你明白为何你的母亲无法爱你，你应该怎么做，怎么学会无论如何都要爱自己，从而帮你开启自己的治愈之旅。而要达成这个目标，你需要购买“自恋狂母亲的女儿”超值资源套餐，原价125美元，通过她的网站订购的话只需27美元。如果你有很多钱，并且/或者你的情况特别令人绝望，你可以获得戴努·莫里根的私人电话治疗，她会教你情感自由技巧。

丽萨·A.斯科特、戴努·莫里根以及其他人会帮你用直到这一刻可能还只是模糊朦胧的自私来替代自己的语言。与其只是生气你的男朋友和你讲话不如以前那么多，你能辨认出他正在“抛弃”——自恋狂经常对他们那慷慨、善解人意、天真的女朋友这么做。此刻最重要的就是你得让自己和自恋狂保持距离；你会学着管这叫“不联系”。

这么做非常困难，所以有一款名叫“不联系”的手机App帮你忙。每当你遇到困难，你可以按下“救命！我需要能量”按钮，你的手机屏幕便会鼓励你：

千万别给他们打电话！

向前走，他们是满嘴谎言、玩弄人心的混蛋。

记得拦截他们的电话和邮件。

我们必须放下那些伤害我们的人。

如果他们关心你，他们就不会那么做。

不联系是你能造成的最伤人的自恋伤害之一。

不联系是你甜蜜而又纯粹的拒绝。

去网络论坛上发泄不满。

这样的网络论坛之一是www.webofnarcissism.com（自恋症网站）。这个网站设计成一座城堡：在大堂里，成员分享自己的故事；在图书馆，他们分享研究发现；等等。在花园里，你可以独处和放松。在这些房间里，自恋狂的受害者学习如何改进他们的“自恋狂雷达”，用来发现“自恋症”以及“自恋狂”；他们自称为“自恋供给者”；他们互相帮助，警惕自恋狂的伎俩，比如“爱的轰炸”“镜像映射”“小剂量关怀”“沉默对待”“词语色拉”“三角关系化”“吸真空”；在经历过贬低加丢弃，或者理想化加贬低加丢弃之后，他们互相抚慰。他们知道有两种“不联系”：不联系和永远不再联系。他们相互提供意见，例如如何拦截电话号码、如何解密他们自恋狂的活动，讲述各类故事，包括恐怖至极、摧毁人生的丈夫，自私得难以置信的母亲，被残忍破坏的生活。可能很难找到比这些论坛上的故事更令人伤心的阅读材料了。

不过，在一些帖子里，你可以看到这种自恋剧本的新语言如何让你在原本可能不存在的地方寻找自恋症。“我那自恋狂姻亲，”一位发帖者写道，“把走廊里的家庭照片都取了下来，还将一把客厅椅子换成了钢琴。我就是无法理解她为什么这么做。”[1]在回帖里，别的自恋狂受害者写了两三千字的回复，讨论钢琴这个问题。这个帖子里的自恋狂声称，把钢琴放在那里是因为年迈的父亲喜欢弹钢琴。但这必然是烟雾弹，因为（a）通过因果关系，自恋狂无法被人信任；（b）自恋狂没有真诚的爱和共情能力，因为他是自恋狂，所以这种“关怀”行为必然是假的；（c）这个所谓的年迈的父亲，据自恋供给者称，钢琴弹得不怎么样，所以到底是什么驱使这个自恋狂做这些事？他到底想干吗？另一个发帖者说：“我的自恋狂把所有的圣诞贺卡存在盒子里。这是为

1　为了保护发帖者的隐私，这段里的例子略经虚构修改，但这些例子具有代表性。

什么？”也许，另一个试图帮忙的自恋供给者猜测，这些盒子是一种储存“供给”的方式，当自恋狂情绪低落时，他可以通过看这些贺卡来提升自我形象。原来，自恋狂用来存放贺卡以及其他爱慕标志的盒子甚至还有个名字。城堡里的一位曾给她的自恋狂母亲写过信的发帖者表示，她母亲不和她谈论那封信，而是把它和其他书信、圣诞贺卡、同事的感谢便条等一起放在她的“战利品盒子”里，这让她觉得特别怪异。“她肯定在深夜把信拿出来，”这位自恋狂受害者想象道，“以此滋养自己。”

这个剧本的许多语言——不联系，自恋型虐待，贬低加丢弃，冷共情，自恋供给者——是由萨姆·瓦克宁（Sam Vaknin）创造或传播的，至少这是瓦克宁自己宣称的。瓦克宁是自出版书《恶性自我爱慕》（*Malignant Self-Love*）的作者，这本书一共有720页，迄今已出了十版。他声称自己是自恋狂，一个拥有自我意识的自恋狂，他的赚钱方式是向以女性为主的读者群解释像他这样的自恋狂男人，这些读者在他的论坛上非常活跃——他声称自己管理的论坛上共有2万名成员。但在纪录片《我，心理变态》（*I, Psychopath*）中，瓦克宁做了自恋症测试，他的得分非常低。

有时候那些试图帮助受害者的人也互相攻击。根据瓦克宁论坛的一名逃难者所言（这名逃难者自己也有个名为“精神健康的面具”的博客：www.maskofsanity.blogpost.com），瓦克宁其实是伪装成自恋狂的心理变态，他的目的是形成一群“宗教崇拜般的追随者”，他以自己的形象，根据自己的世界观，“重新创造‘自恋症’和自恋型人格障碍”[1]。简言之，他是个骗子。自恋孩子（Narcissistic Child）网站的作者警告说，那个写www.daughtersofnarcissisticmothers.com（自恋狂母亲的女儿网）的女人不可信——她管自己叫“戴努·莫里根”，但实际上本名叫特蕾茜·库勒顿（Tracy Culleton），她不过是个“三流爱尔兰小说家”，同时还打理另外好几个网站，帮助那些缺乏自信、遇到写作瓶颈、害怕小丑的人，所有这些问题都能被所谓的“情感自由技巧”解决，而学习这种技巧的最佳方式就是花高价和特蕾茜电话聊天，而她根本不是有执照的心理治疗师，她没有任何执照。她是个骗子，自恋孩子网站的作者声称。她是吸血鬼。

---

1 Invicta, “Sam Vaknin Revisited,” from www.friedgreentomatoes.org/articles/malignant_self_love.php.

“吸血鬼”这个词在自恋空间中很常见，它把自恋狂描绘成能在为他们提供养料的人的灵魂上打孔，以此在他们所及之处复制自恋症，在这遍地吸血鬼的末日之际，人们假装自己是人类，但事实上根本不是，他们甚至可能试图帮助你，但实际上根本没有帮助，他们四处游走，寻找真正的、正常的、慷慨的人，以此滋养自己。互联网警告你，如果你是特别慷慨的人，你便是自恋狂的主要目标。

和许多末日叙事一样，也和自恋型人格障碍患者一样，自恋症的故事表现出一种分裂：虚弱善良的人被冷酷邪恶的人迫害。这种模式和神学家凯瑟琳·凯勒（Catherine Keller）总结的世界末日故事模式如出一辙：“这种模式经常与苦难毗邻，依赖一种非此即彼的道德体系：倾向通过‘善良’对‘邪恶’这种两极化的方式来思考和感受事物；认同善良的一方，试图彻底将邪恶从自己体内和自己的世界中驱逐，面对‘敌人’时要求统一团结；认为善良的一方被邪恶迫害，而邪恶的一方无比强大……”[1]

在自恋症网站城堡的自恋狂父母房间里，挂着

1 Catherine Keller, *Apocalypse Now and Then*. Boston: Beacon Press, 1996, p.11.

布莱姆·斯托克（Bram Stoker）的书《德古拉伯爵》（*Dracula*）中的一句话："他们无法死去，但必须年复一年添加新的受害者，不停复制世间的邪恶；所有那些因为成为活死人的猎物而死去的人，自己变成了活死人，并开始捕食同类。如是循环，永不停息。"

当论坛的成员需要休息一下，暂时停止分析他们生活中的自恋狂行为时，他们会去城堡的剧院寻找电影和小说推荐，他们在那里找到的大多是有关心理变态和吸血鬼的电影与小说。整个网站的城堡意象透露着阴沉的哥特风，有一种英格兰情调的忧郁。网站成员管自己叫"键盘仙子"。有些成员的头像用的是缥缈的维多利亚时代样貌的女子或天使。如果在烟雾缭绕的虚拟哥特城堡打发时间，或者观看的娱乐电影里的主角正是他们试图逃离的人这两点让他们感觉更像是粉丝而不是寻求治愈的逃难者的话，这个话题便不在这些论坛的讨论范围之内。

"我们生活在末日之中，"凯勒写道，"我们身在其中，这是一种每当我们身处边缘时会习惯上演的剧本。"[1]自恋症的网站为你提供这种剧本的一个版本；论

1 Catherine Keller, *Apocalypse Now and Then*. Boston: Beacon Press, 1996, p.12.

坛帮助你在其中生活，就像生活在一部讲述时间终结的电影里。但这种末日也可以是一个爱情故事，就好像有时候，如果想象一场灾难即将发生，爱情故事便会显得更为动人。

坏男友

在你注意到以前，有那么一瞬间一切刚开始发生，然后，当一切已经发生之后，你试图回想起那一瞬间，就好像他向左转了四分之一圈，背过身去，从正午回到了九点钟，光线渐暗。现在，你无能为力，无法让他重新转过来正对你。那双充满热情凝视你的眼睛，那双被你点亮的眼睛，现在变成了眼睛形状的黑色石头，嵌在一个虚假的人造物或动物上，转过身去不看你。但你是真实的。现在你知道了。“你”是真实的。

你不会对任何人做这种事。有些人称你为圣人。当事情陷入困境，你坚守在原地；当你想要尖叫，你表现得令人愉悦。他却与你相反，做任何他想做的事。这里可以是“他”，也可以是“她”，不过暂且就用“他”

吧。你以前认为你们是在一起的“我们”，但自始至终他只是个“我”。你在哭泣，而他可能在别的某个地方向某个傻瓜贡献自己的些许阳光。他仿佛有能力掌控你的生活，掌控他人的生活，那意味着他永远不可能真正被伤害到。你哭得越厉害，爱你的人就会越关心你，但他不理解哭泣。似乎你哭得越厉害，他转过身去的角度就越大。

可能是因为他太脆弱，无法忍受被人看见——亲密关系问题，回避型依恋人格。他太爱你，所以他必须逃离你，在这种情况下，你只能保持耐心。

可能这只是暂时的，任何人都会有这样的瞬间，和某人亲密相处了几个月或几年后，需要把头稍微转向左边，从正午回到九点钟，这么做只是为了能再次回到正午，带着全新的、更充满热情的双眼。在这种情况下，可能是你自己有问题，为这种事吓唬自己。

又或者他就是这样，和越来越多的男人一样，他拥有21世纪直男属性中某种基本而又可怕的特点，而这同时也是一切爱情故事的终结：他是邪恶骗子中的一员。

你可以反复琢磨这些可能性，但你已经置身其中：这是坏男友的故事，他是自恋空间最喜欢的坏蛋，这个版本的剧本描述了“当你爱上一个只爱自己的男人”（一本讨论这个话题的书用的就是这个标题）时所经历的噩梦。

“在最亲密的关系和最具远见的政治中，我们都能‘创造出末日’。”[1]凯勒写道。

输入“他不停回避”，或者“如果他不愿确定关系我该怎么做”，或者“我该如何发现他出轨了”，你会找到www.esteemology.com（自尊学网）的萨瓦娜（Savannah），她会给你解释创伤羁绊（trauma bonds），解释斯德哥尔摩症候群如何伪装成爱情，因为你分享了某件他人无法理解的东西——他的残忍。她会教你如何从不同角度思考问题，因为她试图在女性中发起一场“自尊革命”：

> 很多女人犯的最严重的错误就是她们在感情关系中逗留时间过长……如果某人不尊重你，或者时冷时热——这意味着他们没有对这段感情彻底投入——事实就是如此。
>
> ……我经常会想起佩西·斯莱杰（Percy Sledge）

1 Keller, *Apocalypse Now and Then*, p.11.

的一首歌："当一个男人爱上一个女人，他的脑中无法容下其他事物，他清空积蓄，只为抓住他所需之物。他放弃舒适，睡在雨中，如果她说一切应该如此。"[1]

——《你是否和破损之人纠缠？——是时候弃牌了》

你可能会想：就是这样。他不会为我清空积蓄。他不会睡在雨中。会为我睡在雨中的男人在哪里，这个永远不会那么做的男人出了什么问题？我对不爱我的人上瘾。我无法被人爱。

但还有一种更小声、更糟糕的想法：如果我遇到的男人沉闷没有钱，那我到底还要不要他？因为就直说吧，这个转过身去的男人身上有种说不清道不明的性感。

*

自恋空间有关坏男友的各种意见反复叙述和修

1 Savannah Grey, "Are You Involved with a Broken Down? Understanding When It's Time to Fold' Em," Esteemology, June 2013. http://esteemology.com/are-you-involved-with-a-broken-down-understanding-when-its-time-to-fold-em.

改了同一个讲了至少一百多年的故事。在心理学上，自恋症一直都与错位的恋情和错位的欲望相关，它说明了当某人转过身去时，他们是如何自私地转向了自己，同时也说明了在这当中你的恋爱方式错在哪里。但一开始，自恋狂不是坏男友，而是女人和男同性恋。从这些旧人物到新人物的转变过程也揭示了这个故事时常展现的另一主题：什么样的爱情关系和什么样的性关系能算是正常的。

1897年，英国“性学专家”哈夫洛克·霭理士（Havelock Ellis）在一本圣路易斯的期刊上发表了一篇关于手淫现象的文章，题为《精神医生和神经学家》（*The Alienist and the Neurologist*），他在文章中用“如纳西瑟斯般”这个词来形容那些主要性欲对象是他们自己的人，这些人甚至在和他人性交过程中会通过观看或触摸自己的身体来引起性欲。他们过度手淫，似乎更喜欢手淫而不是和他人发生性关系。霭理士把他的文章寄给了德国精神病医生保罗·纳克（Paul Nacke），纳克于1899年在《精神病学和神经病理学档案》（*Archiv fur Pshchiatrie und Nervenkrankheinten*）上发表了一篇关于纳西瑟斯或者说是关于自爱的文章。奥托·朗克（Otto Rank）也于1911年在奥地利发表了一篇文章，把其定义扩大，不再局限于性爱癖好，而是定义成“过度的自我爱慕”，是同性恋取向的一部分。在这些早期的自恋症思想者看来，对同性产生欲望是一种变态，有别于真正的爱情，对自我的爱慕被投射到一个与自己极其相似的人身上，好让对方成为一面镜子。

读了纳克的文章后，弗洛伊德在1905年写的《性学三论》（*Three Essays on Sexuality*）里提到了“自恋力比多”，并在1910年撰写的《达·芬奇的童年回忆》（*Leonardo da Vinci: A Memory of His Childhood*）里再次谈起了这个话题。和朗克一样，他把这个概念从性爱癖好扩展到了一种人格。弗洛伊德从达·芬奇的写作和一些分析他的作品的文章中找出零碎的证据，据此讲述了这样一个故事：缺席的父亲，令人窒息但被过度热爱的母亲，受到压迫的性欲——为了不背叛她——变成了一种不成熟的情欲，对能反照出自己的男人产生欲望，并升华为艺术和科学天才。弗洛伊德崇拜——甚至有些人认为他认同——达·芬奇，愿意在他的职业生涯中尽可能地提议把同性恋当成正常人类情感范畴的一部分。但是，历史学家伊丽莎白·伦贝克（Elizabeth Lunbeck）认为，《达·芬奇的童年回忆》“为一切画上了句号”：这本书出版之后，在正统精神分析学内，

"自恋症和同性恋宿命般地纠缠在了一起"[1]。"并非所有有自恋倾向的人都是同性恋，但很快同性恋者都被普遍分析成自恋狂。"

几年后，在《论自恋》（*On Narcissism*）里，弗洛伊德在他的"酷儿自爱"（queer self- adoration）画像里又增加了对"那种最常见的、可能是最纯洁最真实的女性"[2]的分析。弗洛伊德写道，女人，特别是漂亮的那种，"会发展出某种自我满足，从而弥补她们在选择对象时强加在她们身上的社会枷锁"[3]。那是在1914年。他继续写道："这类女人对人类情欲生活的重要性应该被高度评价。男人对这样的女人有着最深的痴迷，不仅出于审美原因，因为按道理来说她们是最美丽的，而且还出于一系列有趣的心理因素。"

为了解释是什么心理因素让这些冷酷、自我沉溺的女人如此性感，弗洛伊德把她们和小孩及动物进行比较。"一个小孩的魅力，"他写道，"很大程度上取决

1 Elizabeth Lunbeck, *The Americanization of Narcissism*. Cambridge: Harvard University Press, 2014, p.84.

2 Sigmund Freud, "On Narcissism", in *Freud's On Narcissism*, edited by Joseph Sandler, Ethel Spector Person, and Peter Fonagy. New Haven, CT: Yale University Press, 1991, p.18.

3 Ibid., pp.18–19.

于他的自恋、他的自我满足，以及他的难以理解，就像某些动物的魅力一样，它们似乎不太在意我们，比如猫和大型猛禽。”[1]随后，他还在这份名单上加入了原始人、喜剧演员、罪犯和艺术家：这些人似乎实现了某种“无比幸福的心境”[2]。弗洛伊德解释道，健康的正常人嫉妒并渴求这种心境，正是因为他们为了长大而不得不放弃这种心境。

虽然弗洛伊德把这命名为一种女性阴柔特质，他在《论自恋》一开始就承认他的理论受到一个更大的问题的启发：某些病人——那些偏执多疑和充满幻觉的人，即弗洛伊德称之为“痴呆妄想的人”，以及一些神经质患者——拒绝治疗的方式。因为他们“狂妄自大，对外在世界——人和事物——不感兴趣”，这些病人“不为精神分析的影响所动”[3]。换句话说，他们不会产生移情——弗洛伊德同一年在其他地方将移情定义为病人在治疗情境中对过往关系的重现。除了梦和自由联想，移情也能帮助精神分析师进入病人的无意识，透过无意识，精神分析师能理解病人如何生活、如何去爱。

1 Ibid., p.19.

2 Ibid., p.19.

3 Sigmund Freud, “On Narcissism”, in *Freud's On Narcissism*, p.4.

正如弗洛伊德之后在《精神分析引论》里描述的，移情表示病人无法认可治疗师的身份，把他当成“帮助者”和“导师”：“与之相反，病人在治疗师身上看到的是他童年或者过去生活中某个重要人物的回归和化身，因此，毫无疑问，病人会把对这个原型产生的情感和反应转移到分析师身上。”[1]分析师的工作就是注意到这种重复，并把它带到意识中。但这种重复涉及病人犯的至少一种严重错误。弗洛伊德认为，俄狄浦斯情结成就了个人成长之路，在这种情结中，孩子错把母亲当作爱慕对象，而把父亲当作竞争对手，因而鉴于俄狄浦斯情结，移情通常意味着爱上治疗师，或者把对父母其中之一产生的感情投射在治疗师身上，又或者，在女病人和男分析师的情况下，两者会同时发生：双重错误。但没有这些错误，分析就会失败，病人便“无法痊愈”。

通过假设痴呆妄想类的病态是发展受阻的状态，弗洛伊德从观察患有严重错觉的病人开始，回到描述抵抗治疗的病人，然后发展出一整套儿童早期发

1 Sigmund Freud, *An Outline of Psycho-analysis*, in *The Standard Edition*, translated and edited by James Stachey. New York: W. W. Norton and Company, 1949, p.52.

展理论。他认为，不会产生移情的病人肯定正在经历退行，所以他们的退行症状必然能向我们揭示他们童年早期的情况。根据这个前提，他推断，我们所有人出生时都在世界中心，对外在于我们身体的任何事物都毫无兴趣，甚至无法把我们自己和他人区分开来。当我们长大学会去爱后，我们丧失了一部分这种儿童期自恋人格——我们降低了如海洋般无边际的自我沉溺，从而可以关心他人并得到他人的关心。真正有爱心的父母会教导孩子进行这种交易是安全的。但如果当一个孩子从这种幼儿时期的天然狂妄中走出来，试图寻找并给予爱，却发现他的父母冰冷残酷，或者充满暴力，那他便无法确认这种温柔的尝试是有效的。所以他朝反方向走，转向内在，向他自己的小小自我寻求爱慕，为了获得安全感，在成人期保有儿童时期的“思想万能”。在这种意义上，自恋症是一种在性问题上的自我保护本能。这种对自恋症的最初描述，在把它当成病理症状和把它当作世界上最正常不过的事两者间犹豫徘徊。

弗洛伊德把这种不成熟归为女性阴柔特质中固有的特点，但他写道：“这不是因为我有强烈的偏见，意欲贬低女性。”[1]只是因为，当正常的直男有能力去爱外在于他们自己的人时，男同性恋和“那种最常见的女性”倾向于充满自恋地去爱他人，把他人当成自我的镜子，这个自我可以是现在的、过去的或者是他们想要成为的自己。他承认，一些女人确实会朝着“男性特质方向”发展，并且可以“以男性的方式”[2]去爱；对另一些人而言，生孩子可以提供一条脱离自恋症的道路，因为“她们身体中的一部分像外在物件一样与她们对峙”[3]，这让她们最终能够关心某个不是她们自己的人。

可能弗洛伊德称之为自恋狂的病人非常缺乏共情和爱的能力，虚假幼稚，放到今天可能会被诊断为患有自恋型人格障碍。但是否也有可能，女性和极具女性阴柔特质的男人是出于其他理由而抵抗移情要求他们犯的错误，即爱上分析师，把他们对父亲的依赖转移到分析师身上？从弗洛伊德的新兴“科学”角度来看，如果他们不需要治疗，他们的自我满足就必然是出于发展受阻；如果从分析师的理论角度来看，

---

1 Freud, “On Narcissism,” p.19.

2 Ibid., p.20.

3 Ibid., p.20.

他们的性欲是不健康的，那么他们就是不成熟的。弗洛伊德没有考虑到，这种抵抗可能正是其表面显示的样子：对分析情境的反感，包括其中的不平等权利关系；疏离客观的分析师；对巨大错误的表演需要；虚假和对过去的戏剧般重现；在治疗室里，当病人的性欲或性别被当成是一种需要克服的问题时，这种抵抗就可能合情合理。

*

但为什么这些最抵抗治疗的人格会与那些最迷人的人相对应呢？“我们随时准备好指责他人患有‘自恋症’，”哲学家勒内·吉拉尔（Rene Girard）写道，“尤其是那些我们想要得到的人，从而安抚自己，并且理解他们的冷漠，不是理解成我们只能让他们产生微小兴趣，甚至可能不是理解成某种绝对的冷漠……而是把他们的冷漠理解成一种折磨他人的软弱。这样做时，我们相信他们对自己有一种过度的、病态的关注——他们患有一种比我们更厉害的疾病，因而无法逃出他们那被过度保护的自我，无法像他们应该做的那样和我们在中途相遇。”[1]

在1979年一篇批评弗洛伊德《论自恋》的文章里，吉拉尔提出，弗洛伊德所诊断的根本不是一种人格，也不是只有某些人才是那种人或者拥有那种人格，那是所有欲望的普遍动态。吉拉尔认为，我们都尽可能实现自我满足，虽然我们最初通过模仿他人成为自己，这种对他人的依赖是我们基本的存在状态。和我们交朋友、陷入爱河的那些人，是我们能在其身上投射幻想的人，我们幻想世界上还有其他和我们不一样的人，自我满足，也因此令人难以抗拒。但是，我们自己为他们戴上面具，而当他们转身离开时，面具则不可避免地掉落，我们便指责他们虚伪，仿佛他们欺骗了我们。比起承认这一点，把他们诊断为自恋狂更为容易，但据吉拉尔说，世界上根本没有自恋狂，我们只是拿幻想中他们所拥有的完整性来当作参照，我们给他们扣上的帽子不过是欲望给我们所带来的感受——空洞。弗洛伊德“其实被骗了”[2]，把欲望

1　René Girard, “Psychoanalytic Mythology”, in *Things Hidden Since the Foundation of the World*, translated by Stephen Bann and Michael Metteer. Stanford: Stanford University Press, 1978, p.391.

2　René Girard, “The Narcissism Myth Demystified by Proust”, in *Mimesis & Theory*, edited by Robert Doran. Stanford: Stanford University Press, 2008, p.186.

的辩证关系冻结成一种强大的迷思，认为那些极其迷人的他者幼稚而又自私。

弗洛伊德之所以对拒绝治疗的病人这个问题如此感兴趣，并且之所以彻底弄错了这个问题，很可能有其个人原因，这也给分析情境增添了一个坏爱情故事。在《自恋症的美国化》（*The Americanization of Narcissism*）一书中，伊丽莎白·伦贝克解释道，在弗洛伊德撰写那本关于达·芬奇的书时，他正经历一生中最重要的一段关系的高潮和终止，也就是他和耳鼻喉医生威廉·弗莱斯（Wilhelm Fliess）热烈、亲密的友谊，后者曾一度贩卖可卡因给弗洛伊德。除此之外，他们亲密关系的本质也备受争议。这两人给对方写了上百封信；弗洛伊德的朋友认为弗莱斯是个骗子和江湖医生。正如伦贝克所展示的，弗洛伊德写给弗莱斯的信里饱含挑逗性的比喻。比如，在一次拜访之前，他写道，前往拜访时，他会带着“两只张开的耳朵和一瓣颞叶，涂满了润滑油，做好了接受的准备”[1]。弗洛伊德公开称弗莱斯为“他生命中的挚爱”，并认为在他们的友谊中他这一方充满女性阴柔特质。鉴于弗洛伊德实际上缺乏有

1 Quoted in Lunbeck, *Americanization of Narcissism*, p.94.

关达·芬奇的资料，伦贝克（她并不是唯一一位这么认为的学者）推测这本传记实际上是本怀有野心的自传，达·芬奇只不过是一个屏幕，被弗洛伊德用来投射他自己的矛盾和同性恋取向，也许还包括他对弗莱斯矛盾的理想化。

弗洛伊德和弗莱斯的友谊结束得非常糟糕（弗莱斯指责弗洛伊德未经他同意盗用和传播自己关于双性恋的一些看法），这让弗洛伊德——根据他自己所说——努力克服自己的同性恋欲望。他仍需修改那本关于达·芬奇的著作。在修改过程中，弗洛伊德和另一个关系密切的朋友、精神分析师桑多尔·费伦齐（Sándor Ferenczi）一起去了意大利西西里岛，临行前，他俩似乎都非常期待这次旅行。尽管在准备旅行期间他给费伦齐写了多封热情洋溢的信，但一抵达意大利，弗洛伊德就改变了态度，把费伦齐当作自己的秘书，突然变得对写书更感兴趣，而不是花时间和旅伴游玩。当费伦齐拒绝他的要求时，弗洛伊德上演了自恋空间所谓的“丢弃行为”：费伦齐抱怨道，在剩下的旅途中，弗洛伊德把他扔下，“留在冰冷的世界里”[1]。在弗洛伊德这边，他批评费伦

1 Quoted in Lunbeck, *Americanization of Narcissism*, p.92.

齐把他理想化，把他想象成无所不能的人，而伦贝克认为，这正是弗洛伊德对弗莱斯所做的事。从这些男人写给对方的信中，她梳理总结出了他们之间的关系，她推测弗洛伊德之所以对费伦齐冷酷无情，是因为他想以此忘记弗莱斯，从而超越自己的同性恋欲望，即他的女性阴柔特质和依赖。但他对弗莱斯的渴望持续了许多年，正如费伦齐直到去世前都一直被弗洛伊德的贬低所伤。难怪在这同性爱恋心碎之际——大家想得到那个不想要他们的人——分析室变成了布满镜子的大堂，在那里，分析结果，甚至童年都只能从受阻的恋情的角度被理解，被抛弃的、脆弱的朋友或爱人通过尝试强大的诊断来麻痹自己的痛苦。

如果说《论自恋》帮助弗洛伊德把注意力从自己的女性阴柔特质转移到女病人和男同性恋身上，那么这个错误的代价很高。它把女性和同性恋欲望缝合在一起，将自我满足的女性阴柔特质贬低成一种自私的诡计，并通过俄狄浦斯情结把普通的男性性欲理想化，认为其高于女性阴柔特质和同性恋欲望，这样的想法在20世纪心理学界被一再重复，直到它们脱离这层谱系抵达自恋空间。在那里，这个故事从辨认女性的自我沉溺变成谴责直男的虚弱幼稚，然后再次下滑转变——这个故事讲述了某些人是什么样子的，但在其表面之下还有另一个故事，那个故事讲述了我们所有人想要的方式。

*

《论自恋》完成后的第四年，弗洛伊德写了《怪怖者》（*The Uncanny*），在那篇文章里，他试图解释那些让我们瑟瑟发抖的物件、类人类和体验："那一类令人恐惧的事物带我们回到某些我们认识很久、一度非常熟悉的事物。"在这里，弗洛伊德再次着手讨论那些处于人类边缘的事物的吸引力，包括人体模型、木偶、小丑。他猜测，当我们面对这些恐怖的事物时，有一瞬间我们会想起一切为了长大成人而克服的事物，想起曾经我们认为一切都是一体的，我们和玩具说话，相信我们脑海中制造出的魔法。又或者，在那一瞬间，我们想起了一切为了让我们的文化变得文明而所超越的事物——弗洛伊德一看到数字62就发抖，而他经常连着好几天都看到这个数字，这一切也意味着他一度相信原始人曾相信的事：宇宙间有某些意义和目的，也许，在意大利小镇游历时（这是他给出的另一个例子），他一次又一次迷路并最终抵达红灯区这件事背后有某种原因。

虽然这篇文章的大部分内容是对德国作家霍夫曼的小说《沙人》（*Sandman*）的细读，以及通过俄狄浦斯情结的阉割焦虑来详细解释一切怪怖现象，但是，俄狄浦斯情结在文章中的中心位置感觉略微牵强，于是弗洛伊德不停绕圈圈，重复自己的言论，对他的中心理论的解释能力非常不满。也许因为它象征了这篇文章的形式，最突出的是弗洛伊德一次又一次意外地回到红灯区，而他甚至不对此作出评论，告诉我们一些事，但又没有告诉我们什么。

弗洛伊德从来没有真正说出口，但恐惧不是我们面对怪怖者的唯一反应。我们害怕鬼魂、僵尸、小丑、木偶、吸血鬼、自恋狂，然而我们又被他们吸引。他一再回归的红灯区里的那些妓女对他而言，不过是愿意扮演物件、扮演玩偶的活生生的女人，以及像女人一般的玩偶。他在《怪怖者》中没有谈论自恋症，但如果我们把这两篇文章放在一起进行对话，弗洛伊德可能会同意吉拉尔的观点，自恋狂的魔法至少有一部分来自我们自己。

*

你在那儿试图破解男朋友转过身后留下的空白，你做研究、下诊断。萨瓦娜试图训练你停止渴求诡异般迷人的坏男人。她告诉你——任何人都这么告诉你——如果某人忽冷忽热，你就必须逐渐学会何时弃牌、何时逃走。但在《你是否和破损之人纠缠？》的上方有一条横幅广告，广告上面是滚动的“头条新闻”（《我看见死人，我是说自恋狂》《你是否把强度误当成亲密？》《自恋狂是否意识到自己的行为？》《为什么我仍爱他？——理解创伤羁绊》），广告里是一张黑白照片，一个帅气的男子坐在摩托车上。他把头别了过去，尽管如此，他的手正掀开身上的皮夹克，从肩膀上滑下，露出六块腹肌，像是一种带有自恋意味的脱衣舞表演。

你可以继续做研究，直到你学会如何通过诊断扼杀吸引力，你可以学习，为此大伤脑筋，试图治疗你想要的一切——他可能永远无法弄明白你在做什么。哪怕他也开始研究，世界上也没有“你是否爱上某个热衷献身的人”之类的网站——这样的网站能解释为何最初她把你理想化，告诉自己你是她遇见过的最好的男人，忽略那些你优雅地为自己开脱的负面特质——你对啤酒的热爱，感到不安全时你会试图吹嘘，你一周需要看十个小时的终极格斗冠军赛，亲密关系有时候会让你感到害怕——但现在她把这些当作对她个人的冒犯。没有网站会解释给你听，因为她所读到的内容，你开始变成一个虚假、彻底以自我为中心的人，缺乏共情能力，无可救药，而她应该从你的身边逃离。

如果你正好遇到她在做研究，或者安静地坐在一旁观察你，双唇颤抖，然后你问她发生了什么事，她会说："没事儿！"然后咧嘴微笑，立马改变态度。这会让你感到很诡异，她所说的和她内心真的在想的毫不相干。她花多少时间弓着背在电脑前阅读PsychCentral网站上的内容，或者坐在沙发上盯着墙壁思考她以前认为的你和真实的你之间相差多远，并且试图对你下诊断，对于这些你一点概念都没有。所以，你可能开始觉得她内心空洞，你所有的善意和最具体的尝试，例如倒垃圾、戒酒，还有做真实的自己，都滑入并消散在那空洞之中。你好像没有任何办法填补她，无论多么慷慨的行动都无法改变她的看法。

如果另一方面，你输入"我的女朋友疯了，我该做什么"，或者，如果你，作为一个男人，发现自己在这段动态关系的另一端，一直被女人拒绝，然后你输入“我的女朋友突然变得冷漠了”，或者“我该做什么才能让一个女人爱上我或者至少和我上床”，那么你不会抵达自恋空间。你会来到男性空间[1]，自从尼尔·斯特劳斯（Neil Strauss）的畅销书《把妹达人》（*The Game*）卖了250万册以来，这个互联网空间在过去十年里不断发展，在此期间，塔克·麦克斯的书卖了300万册，里面讲的都是评价和斥责女性，利用和抛弃女性。你还会发现“诱惑社区”和各种博客，比如“理智的男性”“无与伦比的男人”“国王归来”“阿尔法男的游戏”，这些社区和博客会鼓动你吃下红色药丸，让你意识到是女权主义导致你丧失了男子气概，怂恿你励志成为阿尔法男，嘲笑贝塔男。红迪网的“红色药丸”社区拥有超过十万用户，通过他们，你会读到各种被女人迫害的男人的例子，了解到所谓的强奸通常都是假的，听到各种口号，比如“相信你比别人更好”“把女人从神坛上赶下来”“她们的拒绝伤不了你”。在这里，你可以参与男子气概复兴运动，在这个运动中，把妹技巧遇上了

1 原文为manosphere，是作者将man（男性）和sphere（范围、领域）拼起来造的新词。——译者注

原始人饮食法（palaeo diet），自信的男人不畏惧冲突，占据主导是你的进化权利，电影《搏击俱乐部》（*Fight Club*）里的一些段落被当成经文反复引用。

在男性空间里，一切行为都是为了帮你变得更像自恋狂，这并不是秘密；你基本上就是被骂着变成那样的。各种诱惑游戏策略师，比如博客“赫特斯特城堡”（Chateau Heartiste）的主人、把妹技巧达人詹姆斯·C.魏德曼（James C. Weidman），又称罗西（Roissy），会教你故意复制自恋狂和变态的特质，正是因为这些特质让人觉得很性感。这些大师建议在追求女性的时候时而迷人时而辱人，时而和她上床时而玩消失，上演坏男朋友剧本里的节奏，以便把女人困在痴迷和“恐惧”的陷阱里。魏德曼会告诉你，你做这一切是因为“一个内心膨胀的男人才能填满一个女人的爱”。你学到的内容是实用的自恋，同时——由于男性空间的死敌（这个角色由女性主义博客Jezebel.com来扮演）对男人的迫害和贬低——也是必要的自恋：如果你想要女人，你就得立马开始控制她们，因为这其实是女人私底下想要的。至少塔克·麦克斯有数据证明这一点：他的读者、脸书点赞者和推特粉丝中有一半是女性。

如果你下次看到女朋友在沙发上捧着电脑好奇地看着你，下唇颤抖，然后又上扬，露出那虚假的笑容，你就会知道她在做什么：她正试图控制你。可能是时候由你来占上风了。

吉拉尔写道："认为能在这个游戏中把欺骗者与受骗者清楚分开是错误的，认为能把这个世界整齐分成冷酷的心机者和无辜的受骗者也是错误的。每个人身上两者皆有；要能坚定地上演自己的喜剧，你就必须成为其中的受骗者。冷酷的心机者，头脑清晰地玩弄他人欲望的人，他们那浪漫而邪恶的版本其实便是一种更老练的自恋错觉。"[1]

精神分析师在对弗洛伊德认为的极度自我中心进行辩论并加深对其的认识时，有些人会接受他的看法，把欺骗者和受骗者对立起来，把自我关注和爱他人的能力对立起来，把他对自恋狂的画像补充完整，直到呈现出我们现在拥有的样貌：迷人的面具下是一个冷酷、富有心机的人，一尊毫无共情、没有能力去爱他人的自我。但其他分析师强调自爱在自恋症中的角色，毕竟，弗洛伊德认为那是人类发展中的正常部分；他们认为，自我

1 Girard, "Narcissism Myth," p.183.

崇拜和对他人的关爱互惠互助，能彼此帮助促进。关于自恋症的辩论是另一场更大的辩论中的一部分，即我们如何了解对方，如何帮助对方。费伦齐也强调面对抵抗的病人时，共情发挥主要作用，他因而被驱逐出弗洛伊德的圈子；唐纳德·温尼科特（Donald Winnicott）在英国创立了一套关于儿童早期发展的交替理论，他的理论强调母亲和儿童之间的相互镜像关系，把自恋描绘成健康的自我和爱的丰富来源。关于这些辩论的故事，以及心理学的重点如何在20世纪中叶从神经官能症变成诸如自恋症等的人格障碍，已经被讲述了许多遍，其中最完整的叙述要数伦贝克的《自恋症的美国化》。不过，现在有必要略微回顾其中的一场辩论[1]，也就是奥托·科恩伯格（Otto F. Kernberg）和海因茨·科胡特（Heinz Kohut）之间的辩论，他俩之间的分歧涉及一个问题，而这个问题让所有拥有坏男朋友的女朋友苦恼不堪：你到底能，并且应该，对可能是自恋狂的人产生多少同情，你什么时候能划出边界进行抵抗？这个分歧围绕着不同

1　有关科胡特和科恩伯格对自恋症的争论的详细描述，以及自弗洛伊德以来的心理学历史，参见Lunbeck的*Americanization of Narcissism*，以及Stephen A. Mitchell 和 Margaret J. Black的*Freud and Beyond: A History of Modern Psychoanalytic Thought*, New York: Basic Books, 1995。

的决定分析室里应该发生什么的方式，但同时也围绕着不同的看待这个世界的方式。

科恩伯格和科胡特都是犹太裔精神分析师，他们都在20世纪30年代逃离了奥地利——科恩伯格去了智利，科胡特去了英格兰，不过两人最终都抵达美国，在这里，他们开创了影响深远的工作实践和思想流派。在那之前，精神分析一直注重歇斯底里症和神经质，这些病人无法调节工作和社会的需求与自己的本能之间的关系，从而感到紧张羞耻，但科胡特和科恩伯格对抱怨空洞无意义的病人产生兴趣，注意到传统精神分析无法理解弗洛伊德称之为自恋的病症。

科胡特在他的20世纪中期美国病人身上看到的问题是无意义和孤独；面对这些病人，他开始放弃弗洛伊德那不带感情的客观分析方法，转而对病人实施无条件的关心和共情。科胡特认为，只有把自己放在病人的角度，通过“共情沉浸”，分析师才能真正了解那些符合弗洛伊德对自恋症的定义的病人。从那个角度看，这个病症——如果它算是病症的话——非常不同。他用“Z先生”的例子来阐述这一点，他先用经典方法对Z先生进行分析，然后再用他自己建立的“自体心理学”方法中的“替代性内省”来进行分析。通过经典的弗洛伊德方法分析，Z先生的故事很熟悉：过度关心的母亲；缺席的父亲回来威胁他对母亲的爱；躲入婴儿般的自我沉溺和自大妄想所带来的简单满足中，在治疗过程中如果受到挑战，便会变得愤怒。但科胡特注意到Z先生的自足是一种假象，当被直面时，他表现出一种极度痛苦、不安的自我。在精神分析中，Z先生学会变得更加现实，治疗结束后，Z先生能够开展工作，维持人际关系，但是几年后，Z先生回到治疗室，抱怨缺乏乐趣，感受不到性满足，人生没有任何意义。这时，科胡特尝试和他产生共情，而不是把他当作一个陷在童年里的男人。通过Z先生的视角，科胡特开始发现，他并非顽抗地试图回到婴儿状态，而是尝试离开那里。他从而认为儿童时期的自恋不是独立的，而是和其他事物相关，是能产生自我、爱和创造力的一种源泉，前提条件是这种自恋得到镜像映射并被接受。科胡特认为，当他们热情洋溢的幻想无法在现实世界中得到镜像映射时，这些被认为患有自恋症的人才会逃离；他们有共情的能力，而共情可以帮助他们继续从雄心勃勃的自我关注中汲取养料，即使他们已经成年，而不是在自我满足的肤浅面具下保护自己。他对自恋狂的治疗帮助他形成了一种新的治疗方式——自体心理学。他在治疗这些所谓的“自恋狂”的过程中所见到的一切让他开始拒绝弗洛伊德的驱力理论。他论证道，自我想要完整，想要爱，这种完整性正是把病人拉向治愈的力量。他认为，自我知道需要什么才能成长；在学习如何去爱的路上，有些人只是晚了一点。科胡特相信，通过慷慨地与自恋狂产生共情，治疗师能开始培养一种同伴感受，而病人便能成长。

科胡特很乐观，他的共情方法与一种充满希望的世界观紧密联系，这种世界观也让他坚信自我会不停地朝着完整性和爱的方向前进，而这和弗洛伊德的黑暗视角格格不入。尽管弗洛伊德曾经也谈论过分析师要有能力站在病人的角度，但科胡特对共情的重视更加深刻，同时也属异端，因为它改变了咨询室里的权力关系。后来，他写道：“如果在我作为分析师的生涯中我只学会了一件事，那就是我的病人告诉我的事很有可能是真的——很多次，我相信我是正确的，而我的病人是错误的，但事实证明，虽然那要经过很长一段时间的探索才能发现，我的正确是肤浅的，而他们的正确是深刻的。”[1]

科恩伯格则没那么充满希望。他的观点更接近弗洛伊德，认为自我是在暴力的、不被认可的欲望和驱力之间的一场斗争，科恩伯格关注自恋狂的侵略性，建议使用冲突和对峙而不是共情。他也承认儿童时期的自恋是健康的，但他认为，如果这种自恋持续到成年期就必须被当成病态的自我中心来对待。这种诊断反映了他对“心理动力学”疗法该如何运作的看法，他那本经典但晦涩的著作《边缘型状态和病态自恋症》（*Borderline Conditions and Pathological Narcissism*）阐述了这种疗法：分析师不应该对病人的处境和自我观点提供无条件的共情，相反，分析师的工作应该是挑战自恋狂试图控制的努力，时时质疑他的自负。共情的治疗师会与自恋狂的幻觉勾结。科恩伯格认为，科胡特的方法只会更加伤害到自恋狂，激起他的暴怒。当科胡特和科恩伯格在整个20世纪70年代争论不休时，科恩伯格对自恋狂的看法吸引了媒体的注意，从而导致自恋人格量表在1979年诞生，以及自恋型人格障碍在1980

1 Heinz Kohut, *How Does Analysis Cure*? ,Chicago: University of Chicago Press, 1984, pp.93–94.

年被收录进*DSM*。精神分析的方法和写作风格——科胡特和科恩伯格长期而又细致入微地沉浸在病人的生活中，小心翼翼地整理出语言中的复杂性——都消失在一份症状清单背后（九个症状中有五个），消失在知道某人是否有自恋症的方法之后，消失在坚信如果某人患有自恋症他们便是最难治疗的病人这种看法之后。除此之外，科恩伯格那更传统的弗洛伊德观点获得了胜利：自恋症被认为是一种失败的自我的状态，难以治疗，它不是健康和爱的源泉，也不是人际关系之间的一种动态。

在患病率这个问题上，*DSM*的第一个条目讳莫如深："这种人格障碍最近似乎比以往更盛行，但这可能是因为更多专业人士对它产生兴趣。"[1]但在那份整齐的自恋症状清单之后，在心理学不断壮大、分裂的领域和流派之间，辩论持续进行：多少的自爱是正常的，多少的自爱是不健康甚至是邪恶的？当某人表现得像6岁的孩子，你是应该和他对现实的看法产生共情，还是试图纠正他的看法？如果某人不想和你说话

1 American Psychiatric Association, *Diagnostic and Statistical Manual of Mental Disorders*, 3rd ed. Washington, D.C., 1979, p.317.

或者不想和你坠入爱河，什么时候才能算因为他是个彻底的混蛋？如果某人突然逃离治疗，或者逃离一段感情，那是不是意味着他没有爱的能力？你能帮助某人去学会爱吗？这个被称为自恋症的东西到底是对某些人的定义，还是指他们的所作所为？你可以一直问这些问题，不仅仅当你是心理学家，还可以是当你发现自己爱上的人转过身去的时候。

顺便说一句，科胡特死后，他的传记作家查尔斯·斯特罗齐尔（Charles Strozier）发现他对Z先生的个案研究其实是回忆录，是一份关于他自己的研究——为了证明他自己的心理学方法优于科恩伯格和弗洛伊德的，他记录了露丝·艾斯勒（Ruth Eisler）对他的自恋症极为糟糕的分析，然后描述了他希望自己能经历的共情法心理分析。把科胡特的个案放在久负盛名的杜撰自传的精神分析个案研究历史中——这段历史可以追溯到弗洛伊德本人——斯特罗齐尔告诫道："这是一个滑坡，一不小心科学就会变成唯我论。"[1]

1 Strozier, *Heinz Kohut*, p.314.

*

塔克·麦克斯博客上的一篇文章题目为“塔克进行了反思，结果很糟糕”。一个女孩到他家里，就在她和另一个男人约会之前，然后给他进行了口交。在那之后，他为自己的魅力感到沾沾自喜，然后他开始想到那个男人，他意识道：“哦，有多少女孩对我做过这种事？”为了研究这个可能性，他去了一些酒吧，喝得大醉。当他质问一个朋友这件事时，那个朋友指出，塔克自己做过一模一样的事，同一天里和不止一个人在一起，而且做过很多次。这让塔克感到震惊，他告诉我们，这个人已经不再是他的朋友。“就好像我的脑子今天还不够错乱。”他灌下更多的酒，询问女孩她们是不是同一天里和不止一个男人在一起，直到根据他自己的描述，他醉到大发酒疯，吼出“我很出名，女人不能对我做这种事”这样的话。

然后他的双眼被一个美人锁住：“摄人的蓝眼睛，金沙般的秀发，美丽的胴体。深邃犀利的双眼，透露出超越常人的智慧和领悟力。迷人的魅力。我们马上来电了。”他和这个人跳舞、调情了一个小时，“每一个笑容都得到同样的回应，每一次爱抚都得到同样的回报”。当然，那是他自己，他在芝加哥一间酒吧的黑暗后屋里和自己的倒影共舞，这是对自恋剧本原著的诠释，奥维德的纳西瑟斯故事，不过在这个故事里，纳西瑟斯没有变成一朵花，而是倒在了公园里。醒来之后，塔克跌跌撞撞回了家，再次照了镜子：

> “我生命中的挚爱”回视着我，脸上覆盖着变硬了的呕吐物。黄色和棕色的胆汁覆盖在我的头上……（本书作者在这里为你省去了进一步的描写）……到此为止吧，什么优秀得不会成为婊子们的第二炮。但最重要的一点躺在我的头顶上，卡在变硬的呕吐物里……一小块坚硬的干狗屎。

如果麦克斯似乎是通过明确的姿态指向神话故事，然后把自己奉献给下流的惩罚，从而故意扮演坏男友的话，那这只是他全部作品中最明显的例子。麦克斯当然知道只有混蛋才会想要表演自恋；这就是关键，至少表面上如此。但很难相信麦克斯的读者会错过他在这里关于共情更深一层的看法——当你遇到别人的自私时，无法从他们的角度看问题会带来危机，但自相矛盾的是，那意味着你最终只会在世界上找到自己（而且，顺带一提的是，那个以自我为中心的阿尔法直男气概和看起来像同性恋只不过隔了一面镜子的距离）。

麦克斯的洞见和吉拉尔的理论关系密切，当遇到他人的自私时，如果我们无法跳出自己的视角，那可能意味着我们最终会在他们身上诊断出自己的恐惧和欲望。当诊断和理解他人是你的生计来源，这可能意味着，自恋狂的不同样貌取决于从你的方法和你恐惧的事物的角度出发，你能看到什么。如果说在过去一个世纪里，自恋狂变成了一块非常好的屏幕，反映出我们关于自我和他人的最大问题，那么其中的答案就和回答这些问题的心理学家一样不同。如果方法是谈话疗法，病人在过程中必须坠入爱河，而你试图克服自己的阴柔特征，她一开始是一个抵抗心理分析的女人，一种具有必须被克服的阴柔特质的形象，和你的方法里最喜欢的形象（在很长一段时间里是神经质患者）非常不同，就像是陌生人，因为这个原因，她不为“精神分析的影响”所动。对强调共情的心理学家来说，她是缺乏共情的病人，而只有共情可以治愈她。对采用对峙现实的方法的心理学家来说，自恋狂变成了这种方法无法抵达因而也几乎无法被治愈的病人。对临床心理医生来说，自恋狂变成了一种分类，九个特质中占五个，适应不良的、恶性的，几乎无从治疗。而现在，当心理学家必须出版畅销书时，并且当有关感情问题的励志书消费者都是女性时，通常情况下，自恋狂从女人和男同性恋变成了一种特定的直男形象，大男子主义，以自我为中心，不成熟、不可靠，而受害者通常为女性，自恋空间上的自助内容，那些如果你“爱上了一个只爱自己的男人”应该怎么做的建议，也都是针对他们而写的。典型自恋狂的性别根据谁拥有诊断的权利而转变，如果说有坏男朋友的女孩只拥有一件事的话，那就是在心理健康信仰上占据道德上风。

*

虽然在上述口交、镜子、狗屎故事里塔克似乎在对读者使眼色，但他可能反对我们把他的自恋称为一种表演，或者至少在2009年他是这么认为的，当向*Cinemag*杂志解释他为什么不介意他的母亲怎么看待他的混蛋行为时，他说：“我妈对此当然不乐意。自恋行为不是一种表演。我真的是自恋狂，很严重的那种。我的世界绕着我转。她是我妈，我关心她，但不是真的很关心。”

但到了2012年，他开始公开宣称放弃自恋，他的自恋曾点燃了那些可悲的、滥交的二十来岁的青年，他们给他带来了上百万美元的收入，他的自恋也曾鼓舞了一代男性加入“把妹文化”，虽然要点明的是，塔克憎恨其他那些男人，那些把妹达人（PUA）。他声称，自己的自恋来自一种极度的自我憎恨，让他无法与人产生共情。当他决定改邪归正接受治疗时，他选择了经典精神分析，一周接受四天治疗，并开始在全国性杂志上宣布此事。比如，他讲给《时代周刊》的迈克尔·艾斯伯格（Michael Ellsberg）的故事就是一个弗洛伊德式的故事。那些畅饮狂欢和口交的日子“都是本我”。“我现在试图做的，”麦克斯说，“是把我的自我和超我与本我联系起来。我试图理解，为什么我过去净做这些事？”他在重写自己的淫乱生活：那些性爱是心理创伤带来的性爱，那些女孩有恋父情结。他想要一个能成为真正“伴侣”的女人。对那些想要和他交朋友或者要和他上床的女孩，他是精神分析的布道者。他说服自己的女朋友维罗妮卡·派克（Veronica Pike），她也开始相信精神分析；她正和麦克斯一起学习“感受自己的情感”。

现在，三年过后，他们结婚生了孩子，他和一位进化心理学家合作出版了一本关于约会的书《交配》（*Mate*），这本书鼓励男人成为最好的自己——“不用把妹技巧”“没有屁话”，只是一本写给后兄弟文学[1]男人的“道德的”“真诚的”约会指南。这本书的封面翻转了《我希望地狱里卖酒》（*I Hope They Serve Beer in Hell*）的封面的逻辑：照片里麦克斯的性感妻子派克站在麦克斯身边，麦克斯的脸被挖空，上面写着“把你的脸放在这儿”。

《把妹达人》的作者尼尔·斯特劳斯也在洗心革面，他的治疗促使他写了一本名为《真相》（*The Truth*）的书，这本书旨在指导男人寻找和女人产生真正的相互关系。他在2015年告诉《大西洋月刊》的凯茜·吉斯南（Kathy Gilsinan），弄明白一切——把妹游戏，他帮助形成的把妹达人社群，所有的那些实用自恋——从何而来是“我人生中最为震惊的事”：

1　兄弟文学的原文是fratire，指的是专门针对大男子主义男性青年的文学流派，塔克·麦克斯的著作就属于这一流派。——译者注

斯特劳斯：写了《把妹达人》的我，写了《诱惑的艺术》(*The Art of Seduction*) 的罗伯特·格林 (Robert Greene)，以及塔克·麦克斯，那个塔克·麦克斯——我们三个有什么共同点？

吉斯南：什么？

斯特劳斯：我们都有个自恋狂母亲。

斯特劳斯继续说道，在他的把妹达人工作坊里，他常常问到场的男人，他们中有多少人的妈妈专横跋扈，只在乎她们自己。大约80%的人会举手，每次都是这样。如果更多的直男开始（像麦克斯和斯特劳斯所希望的那样）阅读指导他们该如何获得健康感情关系的励志书，那么典型的自恋狂就又会改变性别。这是一出可以一再上演的剧本，因为它的对立面是如此出于直觉、如此稳固——世界上有反派和英雄，有自恋狂和受害者，有不正常的、自私的他们和健康的、能共情的我们——所以扮演这些角色的人物的性别和性向可以一再改变，只有这样我们才能在历史上的任何时期区分什么是对的和好的（比如，错把分析师当成父亲或爱人，摈弃对同性的欲望，繁殖生育，在忠贞的一夫一妻制关系里进行有意义的异性恋性爱），什么是错的和坏的（比如，过度手淫，躲避治疗，在去和某人约会的路上给另一个人口交，让在去和另一个人约会的路上的某人给你口交）。谁在挥舞诊断的权利，这些人物就会做出相应改变，但电影本身一成不变。

千禧一代

我们熟知这个故事：在她的那集《我的甜蜜十六岁花季》里，艾莉森说的话和我们期待的一模一样。“我想要的东西我都能得到，”她说，“而且我喜欢买东西。”在吹牛老爹开在桃树街的夜店贾斯汀里，她叙述道：“我一直在思考我的盛大入场应该是什么样的，我觉得我们应该把这个街区关了。彻底关闭。然后还要有庆祝游行。”镜头切换到派对策划师，他回头看着桃树街，眉毛挑了挑，显得难以置信，然后是一小段行进管乐队的录音。“那不太可能……在星期六，晚上七点？”“他们得绕道。”她卡在了这个词上，似乎她想说的话是别人事先教她说的，又或者某些内容被剪掉了，然后她重复道：“绕道，因为不管他们要去哪儿，都没有我的甜蜜十六岁花季重要。”“从来没人关闭过桃树街，”策划师说，“而且你知道旁边就有家医院。万一出了急事，救护车需要开到医院怎么办？”“他们可以等一会儿，”她说，“或者干脆走别的路！”

这是所有以自我为中心的千禧一代的故事，对病人和即将死去的人毫不关心，对我们也毫不关心。2007年，艾莉森在电视上迎来了16岁；根据《自恋症疫情》（*Narcissism Epidemic*），她那“近乎反社会的自恋症”[1]是她那一代人的典型，而他们已经准备好统治世界——“自我一代”。他们的书以艾莉森开头，因为她看起来像是未来，而现在，爱情故事——对那些因为他们的美丽而更喜爱年轻一代但同时又谴责他们以自我为中心的人来说——变成了末日故事。

这不是历史上第一次人们认为某个时代充满了自私，也不是第一次新的一代人被称为自恋狂。每有一篇文章讨论千禧一代的自恋症疫情，就有一篇对应的文章指出，早在1975年汤姆·沃尔夫（Tom Wolfe）的文章《唯我的十年》（*The Me Decade*）就在《时代周刊》的封面上宣布，我们的文化中已经发生了某件令人担忧

1 Twenge and Campbell, *Narcissism Epidemic*, p.101.

但又不可改变的事，也就是一种以自我为中心的虚伪，其情况极其严重。另外，三年后，在1979年，在*DSM*首度收录有关自恋型人格障碍的诊断以前，克里斯托弗·拉什（Christopher Lasch）的《自恋症文化》（*The Culture of Narcissism*）就登上了畅销书排行榜。有一种叫“世代谬误”（generational fallacy）的东西，我们忍不住要说，把年轻一代贬低成自恋狂只不过是这种谬误的最新化身。

但当下这场疫情的预言家们承认以前也有过诸多宣言，认为当时存在前所未有的自私自利；但这不妨碍他们坚持己见。如果存在一场有传染性、有毒害的自私疫情，那么它应该在某一刻产生，然后逐渐壮大。事实上，他们认为自恋症疫情的初始恰恰是在那十年，当20世纪60年代对集体性和社会正义的短暂而强烈的追求变成了个人主义和对名人文化的迷恋，当迷幻药和橙色连体裤（特温吉和坎贝尔就举了这两个例子）变得广受欢迎。在20世纪70年代，“甚至连音乐和娱乐活动都从伍斯托克那样的集体体验变成了迪斯科和吸食可卡因——这两种活动虽然是在团体中进行，但你独自跳舞或者独自飘飘欲仙（除了跳哈娑舞[1]的时候）”[2]。在这里，这两位作者似乎甚至把20世纪60年代的嗑药方式——大麻和致幻剂带来的以群体为中心的爽——和吸食可卡因的自私性对立起来。与沃尔夫和拉什一样，他们搜集了一些奇奇怪怪的搞笑故事来支持自己的观点。但与沃尔夫和拉什不同的是，当他们谈及疫情时，他们有数据能为他们作证，这还得感谢一种新的定量分析方法——横断历史元分析法，这种方法记录一大群人在很长一段时间里的精神状态和人格特征。正是这种方法让他们得出了自己的结论：自从拉什首度确定这种新的自恋症以来，情况变得越来越严重。

这些关于这种疫情的新主张来自一个领域——社会心理学，这个领域所追求的东西很难在治疗室充满镜子的大厅里得到：一些可复制的知识，有关文化如何影响个体，群体如何共享精神状态，而精神状态又如何随着时间改变，人们对别人的态度如何影响他们的行动。定量社会心理学家，比如特温吉，寻求一种客观性，希望它能解决不同心理学家眼里有不同的自恋症这个问题；

1　原文为Hustle，一种20世纪70年代流行的迪斯科舞，类似摇摆舞。——译者注

2　Twenge and Campbell, *Narcissism Epidemic*, p.60.

他们把人格测量标准化，分析海量数据，从而超越局部范围。他们设计出的方法能指出我们什么时候犯了世代谬误；他们准备好帮助我们逃离我们所在的历史时刻那不可避免的自恋症。

拉什也关注更大的文化和个体间的关系。“每个社会产生其特有的文化。”[1]他写道，“其准则，潜在的假设，组织经验的模式——在个体中，在人格的形式中。”在20世纪70年代后期，他认为，那种“人格的形式”是科恩伯格的自恋症的一种版本：

> 虽然他偶尔会产生全知全能的幻觉，但自恋狂需要他人来认可自己的自尊。离开仰慕他的观众，他便无法生存。虽然表面上他拥有自由，脱离家庭关系和体制的局限，但那种自由并没有让他得到解放，能够独处，或者为自己的个体性感到自豪。相反，它增加了他的不安全感，他只能通过看见他那“浮夸的自我”映射在他人的关注中来克服这种不安全感，或者通过依附在那些散发着名人光环、权

1 Christopher Lasch, *The Culture of Narcissism: American Life in an Age of Diminishing Expectations*. 1979. Reprint, New York, W. W. Norton, 1991, p.34.

> 力和魅力的人身上。对自恋狂来说，世界就是一面镜子……[1]

对拉什来说，和对科恩伯格一样，自恋狂的自爱掩盖了他们的空洞，他的自给自足掩盖了他那脆弱的依赖性。不过，拉什认为这种自恋症之所以在1979年开始蔓延，一部分是因为自尊运动，以及这种运动中强调个人成长的意识形态。他认为，对于资本主义的“匮乏”，比如糟糕的工作和入侵生活方方面面的官僚化，励志产业和消费主义只能提供肤浅的慰藉。在这点上，他和沃尔夫不同，后者将这种新的自恋归因于经济繁荣，虽然他们的悲叹在大众认知中被混为一谈。而且他似乎忘了，他引用的作者之一——科胡特，当时正宣称自爱并非自恋，而是其解药。从历史角度来看，这当中还有更深一层的讽刺；目前在自恋空间中，可以说正是拉什对科恩伯格的自恋狂的翻译反响最大，频繁出现在诸如Esteemology.com（自尊学）等网站上，为他所抨击的自尊运动服务。但他

1 Christopher Lasch, *The Culture of Narcissism: American Life in an Age of Diminishing Expectations*. 1979. Reprint, New York, W. W. Norton, 1991, p.10.

的目的不是为了指出作为个体的男朋友、母亲、年轻人应该被诋毁，而是心理治疗、糟糕的工作、贫富不均、消费主义文化如何影响个人心理。

如果说，和他对怪异、空洞、错误的自我的描述比起来，他的这一目的没能得到相应的反应，那可能是因为他的论证方法。一旦拉什从科恩伯格处假借了他对自负、虚假、依赖他人的自恋狂理论后，他使用了一种演绎法，搜集了一系列例子，一旦其假设得到确认，这些例子就变得极其相似，这种认知方法——我们可以称之为世界末日推断法——在各类书中非常常见（更不要说对任何正在经历糟糕的一天或者糟糕的一年的人了）。在他的世界末日目录中，不仅收录了心理治疗、励志产业、激进女权主义的兴起，还包括了忏悔文学、自传、元小说、肤浅幽默、讽刺淡漠、中层管理者、指定打击、性革命、宽容型教养模式。甚至职业运动场地对人工草皮使用的增加对拉什来说都是伪装在蔓延。在这份20世纪末自恋症目录里，他引用了心理学家和其他文化评论者，饱含对宗教、“新教伦理”、父权制度的缅怀；拉什用了一整章表达对激进女权主义的兴起和性别角色的变化感到痛惜。通过这种方法，他试图证明一切真的比以往更糟糕，而“自恋症”正是这种更糟糕的一切的名字。但是，在1979年，当涉及自恋型人格障碍时，他的这种主张就像关于弗洛伊德的一个老笑话所说的，并非“睾丸”[1]。

如果说这种主张现在能经得起检验了，那得感谢一项来自同一时期的创新，也就是在自恋型人格障碍被收录进*DSM*以及《自恋症文化》登上畅销书排行榜的时候。在1979年，两位社会心理学家罗伯特·拉斯金（Robert Raskin）和凯尔文·霍尔（Calvin Hall）研发了一份调查问卷，用来测试“正常的”“健康的”人身上的自恋型人格障碍特征，即自恋人格量表（NPI）。这份问卷里有四十对陈述，全部都能被社会认可——比如“我坚定自信”和“我不是很坚定自信”，无论你是否同意这两种陈述中的一个，你都必须选择其中一项（这种测量方法被合适地称为“必选式”调查问卷）。这些成对的陈述搜寻出自恋症中适应不良的方面，比如虚荣（A. 我不太喜欢炫耀我的身体。B. 我喜欢炫耀我的身体）。问卷中还有诸如“我喜欢对我做的决定负责”等声明，如果你选择同意，你的分数就会被推向自恋症方

1　原文为“testicle”，意为睾丸，与作者真正想用的词testable（经得起检验）发音相近。——译者注

向，但这些并不一定是反社会特质。像拉斯金和霍尔这样的社会心理学家认为，在这个范围内不存在某一个特定的点，一旦达到了那一点，一个人就会变成彻底的自恋狂。事实上，在介绍这个量表的论文中，他们强调，就算在这个测试中得了满分四十分也不能证明一个人有自恋型人格障碍。这个调查问卷旨在测量"亚临床"自恋症，虽然其测量的特质是基于对自恋症作为人格障碍的定义。但是，在大众媒体对自恋人格量表结果的报道中，病理学和正常混合成了一个词。

这样一份量表能向我们展现有关自己的什么东西呢？当然，在不同的日子，或者在你生命中的不同时段，或者取决于你对被测量的东西有多少理解，你可能会选择不一样的答案。但是，在自恋人格量表问世以来的30年间，其准确性被广泛测试，结果表明，在自恋人格量表中获得高分数与过度寻求他人注意、面对威胁有过激反应、拿的比给的多、缺乏共情、认为名声和形象比家庭和社群更重要等行为形成正相关关系。在它被发明大约35年后，正是因为有这个量表，人们才能声称千禧一代更加自恋，自恋症有传染性，因而未来看起来就像自恋型人格障碍。

我们一直在谈论测量和方法——我们用来认识他

人的方法如何影响我们的认识，我们现在不得不继续谈论这些东西。亲爱的读者，如果上一章里当我试图总结心理学对自恋症的辩论时，你只是匆匆扫过，那现在我应该警告你接下来的一切只会更糟。但是，此刻处于危急关头的不仅仅是艾莉森作为“近乎反社会的自恋狂”的地位，也不仅仅是整整一代人的自私和整个社会的未来，而是你，只要你曾考过SAT或者做过IQ测试、MBTI职业性格测试，或者其他性格测试，以此来决定你是否应该获得一种教育、一份工作、一次升职，或者获得在线约会网站OKCupid上的一次姻缘配对。我们可以毫不夸张地宣称，带来疫情这种说法的社会心理学测量和方法——问卷调查、心理测验、人口统计、元分析——正以非常真实的方式控制着你的未来。

自1979年以来，许多心理学家开始对大学生进行自恋人格量表测试。特温吉的创新是收集16 475份问卷，计算其自恋人格量表分数，并且得出每一年所有测试校园的平均分，然后从测试开始那一年起每年追踪这些分数。她和她的合作者发现，自恋人格量表分数确实在1979年至2006年间有所增加。增加的幅度被广泛报道为“30%”，虽然我们会发现，这个数字意味着什么其实备受争议。为了证实他们的这个跨时期研究，特温吉和坎贝尔引用了其他跨代研究，均由其他社会心理学家展开，从而支持他们的假设。一些研究认为，和以往世代相比，这一世代对于自我的感觉明显更加膨胀。千禧一代对教育和职业的期待更高（举个例子，在2010年，60%的人期待获得专业或研究生学历，相比之下，在1976年，只有30%的人这么认为），但最终的结果却和以往一样，只有9%的人获得了这些学历。在千禧一代中，更多的人期望获得高薪工作和升职，但真的获得这些的人则没有那么多。和以往世代相比，千禧一代在测量外在而非内在价值的问卷调查上获得的分数更高。他们在共情测试上获得的分数更低，自从1979年以来，这个分数在大学生中持续降低，与此同时，他们越来越坚信世界是公正的（这意味着对不幸者缺乏共情）。

但当特温吉和她的合作者比较自恋分数和自尊分数时，他们发现两者一同增长。这给他们的研究发现带来了一个问题。既然自恋一直以来被认为是低自尊心的表现，那么真的能算是自恋吗？特温吉并没有质疑他们测量的是不是自恋，而是决定，过去100年的定性研究都是错的：自恋并不是用来掩盖破碎空洞、缺乏安全感的自我的幌子，相反，其本质一定和它表面呈现的一样——过高的自尊心。她的自恋狂不是空洞的，比如像拉什和科恩伯格的那样，相反，他们过于自我膨胀。他们的问题是他们真的认为自己更好，觉得自己更特别，并真诚地相信他们比其他任何人都更重要。这样的话，自恋症的真正原因并非残忍、冷酷的养育方式，而是过度的家庭关爱、注意力、赞美、友谊和任性自由，即一切婴儿潮一代慷慨给予千禧一代的东西，特温吉和坎贝尔如是认为。而一切呈指数级恶化。如今，通过社交媒体和诸如艾莉森等真人秀里出来的三流名人，父母的溺爱在年轻人生命里各方面得到复制，特温吉和坎贝尔把艾莉森称为积极自尊疾病的“超级传播者”。

也许是存在一种叫自恋症的东西，随着时间推移，它改变了不少：从自我满足的女性阴柔特质，变成空心的、低到极致的自我形象，再变成空洞、有依赖性的低自尊形象，但戴着虚假的高自尊的面具，最后变成过度的真正的自尊。又或者，我们一直在谈论完全不同的事物。但是，当特温吉、坎贝尔和其他社会心理学领域里预言这场瘟疫的专家谈论艾莉森和整个千禧一代的时候，他们利用旧版本的力量，利用我们对空洞、脆弱的自我所携带的怪怖面具的恐惧，与此同时，他们测量的自恋症在大众眼里则完全是另一回事。

这些结果在主流媒体里已经被广泛复述。当特温吉和坎贝尔2008年发表的那篇关于这场瘟疫的论文刚出现的时候，主流新闻媒体如福克斯和全国公共广播电台（NPR），以及上百家报纸，立即对其进行报道，从那以后，它一直被新闻报道引用，并在自恋空间里反复出现。新闻报道很少花时间讨论社会心理学领域里的分歧，包括自恋人格量表所测量的到底为何物，以及那些数字本身能否真实反映显著增长。人们很容易忽视的是，当心理学家声称“到2006年，2/3的大学生的《自恋人格量表》测量结果高于最初样本的平均分，即在20年里，人数增长了30%”时，他们并不是在说病态自恋症提高了30%，而是在说，和1986年（即得到最初样本平均分的时候）相比，在2006年，稍微多一点的人平均多回答了1～2道自恋方向上的问题——在其他研究者眼里，这个增长幅度不算很大。人们很容易忘记的是，自恋人格量表测量的是“正常”“健康”的自恋。没被那么频繁报道的是，其他研究已经显示，分数的增长是集中在“适应性的”而非“适应不良”的特质。鲜为报道的是，特温吉自己在网上付费内容专区的辩论里已经承认：在过去30年里自恋人格量表分数唯一显著的增长集中在女大学生身上。这一点在其他心理学家看来可能是件好事，如果认同诸如“我喜欢为自己做的决定负责”这样的问题能代表女性主观能动性提高的话。

另一组由卡莉·H.崔斯尼斯基（Kali H. Trzesniewski）带领的心理学家和特温吉、坎贝尔使用了同一组数据，并添加了一些校园，他们认为自恋人格量表分数并没有显著增长。还有心理学家使用了从1976年开始调查美国高三学生的观测未来项目（Monitoring the Future Project）的数据，他们的结果表明自尊程度完全没有提高。

为什么研究者会得出如此不同的结果？一个问题是有关自恋研究的数据都是由调查者自己报告的。然而，在研究自恋症的心理学论文中常见到的可以算是仪式的免责声明里，社会心理学家总是会如此坦言道：“自恋狂必然难以反思自己的经历。”至于自恋症和自尊之间的关系，艾琳·迈尔斯（Erin Myers）和维吉尔·齐格勒-希尔（Virgil Zeigler-Hill）试图利用假的测谎仪，追踪那种糟糕的自我反思的方向。他们发现，至少在自恋人格量表分数较高的女性中，如果她们认为自己撒谎不会被发现的话，她们会显示出较高的自尊心——换句话说，声称自尊心很高是自恋狂试图维持的表面形象的一部分，尽管他们极度缺乏安全感——但是，如果她们相信别人可能会发现她们没有说出自己的真实感受，她们就会显出较低的自尊心。和其他几个合作者一起，齐格勒-希尔发现自恋症的不同方面与不同程度的共情、情商和拥有心智理论的能力相关，即是否能够理解他人的角度和观点。令人惊讶的是，在“狂妄自大”部分获得高分的人更有共情。

面对所有这些反对，特温吉都有答案。讨论于是变成了琐碎的口角，争论样本的大小和测量方法的合理性；术语被一再定义，假设也有所转移。这项事业本身很重要：找出我们和自身文化之间联系的经验性证据，以及社会和经济结构如何影响我们。正是这一类研究在一个世纪以前促使埃米尔·涂尔干（Emile Durkheim）证明自杀——所有行为中最自我的一种——其实是一种社会客体，受到宗教信仰和其他历史变量的影响。这样的讨论是社会科学以及任何科学中的一部分，但是在自恋症讨论里，当社会科学试图通过问卷调查的答案来理解个人精神状态时，其间的讽刺意味尤其尖锐。

一个起因可能是学术界的心理学家面对巨大压力，

需要发表正面结果。一项2010年有关心理学论文的元研究发现，80%的论文获得正面结果；心理学论文证实其假设的可能性比硬科学论文要高50%。获得空结果的研究比较不受欢迎，虽然这些研究能极大地帮助其他研究者获得真相。对一些批评者来说，这样的发表偏见意味着，诸如特温吉和坎贝尔的研究那样的元分析，即只根据已发表的研究进行的分析，原本就非常容易不准确——在这个例子里，不准确性呈指数增加。在2015年一项针对定量实验心理学研究论文的元研究中，270名科学家试图复制2008年顶级期刊上发表的100项认知和社会心理学研究，其结果非常惨淡，只有38%的研究结果可复制。

*DSM*最近的一次修正花了10年时间。美国精神医学学会的一些会员认为，由于自恋症的各方面过于复杂或者说“拥有不同维度”，它可能无法被当作一个独立的范畴，他们因而试图将之从*DSM*最新版里去除。他们极力建议用一种更灵活的诊断方法来取代它，这种诊断方法会辨认出行为模式，而不是将不同的人格进行分类。美国精神医学学会最初决定去除对自恋型人格障碍的诊断，然后，在考虑各种不同的版本之后，他们又把它囊括进来，稍微改变了标准的顺

序，但基本上和*DSM*第四版一样。他们在附录里添加了特征诊断方法，因此现在这个职业的用户手册停留在模棱两可之间，无法判断这个术语甚至能否用来描述一个有用的范畴。

“我们还有许多工作要做，”证实研究的作者总结道，“如果我们要证实自己是否知道我们认为自己知道的东西的话。”这种谨慎时常出现在社会科学的研究中，甚至也在特温吉和坎贝尔那项耗时长久、费尽心机的研究中（如果说在他们对大众的声明中以及流行媒体对他们的研究报道中相对少见的话）。在网络付费专区，各种问题继续被提出。测试结果为自恋狂的人在晚期资本主义时代里是更成功还是不那么成功？自恋症是和高自尊相关还是和空洞或低自尊相关？自尊心是否和成功相关？普罗大众中一直提升的自恋症分数是和经济繁荣还是和经济衰退相关？是否应该把自恋症当作一种“疾病”，尽管这种疾病是通过文化和引爆点效应传播？它到底甚至是不是一个具体的东西？但是在自恋空间里，传染病研究被囊括其中，不仅仅忽略了其中的争议，还忽略了有关高自尊心的新的研究发现。另外，自恋症仍通常被描绘成一种空洞，一个掩盖极低的自尊心的空壳，一切照旧。

这当中的矛盾——自恋狂和他外表看起来的完全不一样，但同时又完全一样——反映了从治疗方法到定量方法的变化。尽管，或者说，因为它试图达到客观，大胆且必要地努力尝试大规模捕捉我们身上和我们的人格上正发生的一切，定量社会心理学在定义自恋症时必须与其被观看到的方式相对应。我们所关注的自恋症是各种可变特征的合集——控制欲，自我崇拜，虚荣，欺诈，狂妄自大，这些正是可以在诸多人群身上测量到的东西，如果他们愿意回答问卷调查的话。我们所关注的自恋症具有社会性和传染性，因为被测量的是能在大规模样本上找到的东西，比如某一代人共享的东西：没有一个做这个问卷的个体会患有自恋型人格障碍，但如果聚集起足够多的个体，这个群体便会患有自恋型人格障碍。我们所关注的自恋狂证实了心理测验的主要假设——我们存在于和他人的关系、和群体的关系、和文化的关系之中，而这个电影版本中的反派是那个否认这种关系的人，毫无共情，对自己和所在的社会间的联系毫无感觉，与此同时，她又是这个社会的典型：她过于自我膨胀，就和她表面上看起来的一样。

亦或者，她正恰恰相反。社会心理学家杰弗

瑞·简森·阿内特（Jeffrey Jensen Arnett）一直是自我一代理论最重要的批评者，他已经指出，比起我们见过的其他几代人，现在这一批年轻人实际上是对自己和他人的关系最具有意识的，也是最慷慨、最具共情的。阿内特对特温吉的反驳之一发表在2013年的期刊《成年初显期》（*Emerging Adulthood*）上。他驳斥了特温吉的类别测量学方法，她“方便的”大学生样本，以及她对研究结果的阐释。他列举了大量驳倒她的结论的研究，然后列出了数据，展示千禧一代更加以他人为中心，更负责任：交通事故率和犯罪率降低了，做志愿者的人数上升，青少年怀孕人数减少，而且相比历史上其他世代，千禧一代最没有种族歧视，最没有性别歧视，最不恐同。“鉴于过去20年里年轻人的态度和行为上的所有良好趋势，”阿内特认为，“无论我们在采用什么方法让孩子适应社会，我们都应该继续这么做。”

如果阿内特是对的，关于千禧一代自恋症疫情的故事就回归到了神话故事，即一切开始的地方，在奥维德的森林水塘里。不过，把它称为神话并不是不去考虑它。任何感觉如此真实的怪物必然是触碰到了我们的某些点。因此，在拉什和众多流行社会科学读物的传统里，有关自恋的书籍都会讲故事。在《自恋症疫情》里，我们遇见了圣地亚哥女孩卡米尔，她声称“感到特别是一种强大的激励形式”[1]；亚特兰大女孩劳伦在《纽约时报》的评论区写道，自信对成功很重要，“如果那是对自恋狂的定义的话，（那我）很自豪是其中一员”[2]；一位州长在州政府预算里放入一部分钱用来购买古典音乐CD，并把这些CD发放给新生儿的父母，这样婴儿会更聪明；一家学前教育机构拥有摄影棚，供幼童制作自己的电视节目；另一家学前教育机构里三岁的孩子被领着唱“我很特殊/我很特殊/看看我”[3]；琳达悲叹自己周围都是自恋的大房子，告诉作者说，与之相反的是，她的父母“在一间1 200平方英尺大、只有三个卧室一个卫生间的房子里养大了六个孩子”[4]；一个人一个月用了40万加仑的水，还是在全城颁布禁水令的时候；当然还有在《自恋症疫情》一开始以及在全书里反复提及的艾莉森，她想要关闭桃树街，尽管街对面有家医院。

1 Twenge and Campbell, *Narcissism Epidemic*, p.41.

2 Ibid., p.41.

3 Ibid., p.16.

4 Ibid., p.131.

*

在亚马逊网《我的甜美十六岁花季》的下载页面上，只有一篇打一星的买家评价。“这个真人秀真蠢，”这个买家解释道，“但它可以用来教育我的孩子，让他们看看有些孩子是多么无礼，被溺爱到什么程度！”MTV假设观众看这个节目是出于厌恶；在这个真人秀之后他们推出了一个名为《放逐》（*Exiled*）的衍生节目，在这个真人秀里，一群烦恼不堪的父母可以把他们的十六岁花季少男少女送走，让他们尝试在第三世界偏僻农村的恶劣环境里生存，在那之后，他们又出品了一部虚构剧《我的恐怖十六岁花季》。

在艾莉森的那集里，当她说救护车可以绕道而行的时候，甚至她自己似乎都在嘲笑她的荒唐言论。“天哪，”派对策划师夸张地说道，“如果艾莉森想要的话……”艾莉森的母亲机械地说道：“就得成真。”派对那天，桃树街似乎真的被关闭了，这不禁让人怀疑MTV有份参与其中。当天有庆祝游行，队伍里包括管弦乐队、马、摩托车，艾莉森坐在一辆大型豪华轿车里，惊呼道：“我赢了！我是世界上最酷的人。”派对进行到一半，出现了必不可少的戏剧性场面——一个身体不舒服的朋友吐在了她的身上，她把这个朋友赶了出去。

（“这是最近四年发生在我身上最糟糕的事！”）然后嘻哈组合G-Unit上台表演，大家开始跳舞，她的父母把一辆梅赛德斯-奔驰休闲越野车的钥匙给了她，大家都声称这是他们参加过的最棒的派对，每一集结尾都是这样，然后广告开始。

在斯坦利·米尔格伦（Stanley Milgram）著名的早期社会心理学实验里，人们证明，在不真实的情况下，当被令人信服的当权者驱使时，他们会做出可怕的事情。米尔格伦让上百人决定是否对他们认为也是实验对象的某人进行电击，虽然那个人其实是演员。这些研究对象认为他们是在参与一项有关记忆的研究；他们对另一个人说出一个单词，如果对方不能正确重复这个单词，他们就会转动一个旋钮，从而产生电击。最低的电压是15伏，“轻微电击”，最高的是450伏，称为“危险：严重电击”。当参与者加大假想的电压，演员会装出痛苦的样子，祈求停止电击。一些人很早就退出了，但在这个实验的某个版本里，多达65%的人一直进行实验，直到最高的假想电压出现，而演员不再出声。

米尔格伦于1963年在《变态与社会心理学期刊》（*Journal of Abnormal and Social Psychology*）上发

表了他的研究，并在1974年出版的著作《服从权威》（*Obedience to Authority*）里反思了其意义。“这个世纪的社会心理学解释了一个重要课程，”米尔格伦在书里写道，“一个人会采取什么样的行为，不是由他是什么样的人决定的，而是他发现自己身处在什么样的环境。”[1]促使参与者持续伤害他人的并不是某种基本的性格特征，米尔格伦认为，不是虐待狂或类似的东西，而是因为责任转移到另一个人或者一个体制上，即米尔格伦所称的“代理人心态”（agentic state）：我只不过是一部分，某个重要事物里的一颗螺丝钉。“对权威的服从中影响最深远的结果是责任感的消失。”[2]他写道。

不过，一项社会心理学实验，米尔格伦自己在1976年写道：“带有剧作或剧场的意味。实验者小心翼翼构造出一个场景，集中注意力于行为的某些方面，在这个场景中，结局是未知的，是由实验对象完成的。”[3]在她的文章《修正服从》（*Revisioning Obedience*）中，凯

---

1 Stanley Milgram, *Obedience to Authority: An Experimental View*, New York: Harper Perennial, 1974, p.205.

2 Ibid., p.8.

3 Milgram, quoted in Millard, p.445.

瑟琳·米拉德（Kathryn Millard）揭示了米尔格伦的实验是如何被策划、撰写、装饰、排练、拍摄、记录的，从而达到戏剧化的效果：他向对艾希曼[1]审判仍记忆犹新的战后观众展示了一个简单的故事，即我们中的大部分人在正确方式的趋势下会做出残暴的事。如果决定是否使用电击让参与者感到不安，如果他询问自己是否应该继续，实验者会说“请继续”，然后说“实验要求你继续”；如果继续被问这个问题，他会说“你绝对得继续”；然后，如果参与者不愿意，他会说“你没有别的选择，你必须继续”。[2]米拉德认为，在这出戏剧的走势里，米尔格伦遇到的只有服从——他的这场表演被精心控制，复制出会把公民引向支持大屠杀的那种权力动态——然而，这个实验本身的权力结构和编剧才能有力地限制其结果。

米尔格伦所在的领域认为他采用的欺骗程度是不道德的，所以研究者之前一直无法复制他的结果，直到最近，一项基于虚拟现实的实验和一项使用较低电

1 阿道夫·艾希曼（Adolf Eichmann，1906—1962），纳粹德国高官，在“二战”期间是大屠杀的组织者之一，被犹太人称为“纳粹刽子手”。1960年，战后藏匿在阿根廷的艾希曼被以色列特工抓回以色列接受审判，并最终处以绞刑。——译者注

2 Milgram, quoted in Millard, p.446.

压的电视实验才得到了类似的比例。但在那个实验之后的这些年里，心理学家和其他研究者一直在寻找他可能错过的东西，这项研究以及参与者里是否还有其他重要细节。米拉德的论文收录在《社会议题期刊》（*Journal of Social Issues*）2014年的特刊中，这期特刊记录了一部分对米尔格伦实验的修正。一些论文认为参与者的信仰很重要，并强调了米尔格伦在论文和电影《服从》（*Obedience*）里掩盖的东西：参与者反抗的程度和频率。

自社会心理学诞生以来，在理解人的行为上，其工作便是与发现什么环境因素相关。心理治疗师有时间慢慢获得细节，形成对客户的理解，对他的生活产生看法。以实验或问卷调查的速度，这一点很难实现，实验或问卷调查可以告诉我们群体的趋势，但没有时间展现个体生命的细节。我们需要所有这些不同的认知方式。但当真人故事极速在我们面前展示，并用来支持声称是客观但实则极有争议的研究时，我们应该问一问，我们看见的到底是什么。同样应该问的是，从电视上的表演中我们能获得多少真相——真人秀电视节目似乎复制了和米尔格伦实验里类似的权力结构，目的是让对象表演成自恋狂的样子，和我们所期待的一模一样。

这样的权力结构也内在于在写作中对真人真事提出论点这种行为。

艾莉森以及她“近乎反社会的自恋症”，被迫为某个论点服务，比如拉什的论点，而这个论点的推进得靠流行文化逸事——故事的叙述方式不是弗洛伊德和其他分析心理学家那种缓慢、详细、曲折、如散文般的方式，而是以极高的速度、以紧急状态讲述。通过这种速度，一种新的自恋神话产生了：并不是说艾莉森看起来正常但做了邪恶的事情，而是因为她看起来邪恶，所以她必须邪恶；她的罪就和她在电视上看起来的一模一样。

如果研究自恋的精神分析研究者不信任自恋狂的表象，发现在她自我满足的面具下只有空洞，预言瘟疫的社会学家则完全信任那个表象。他们必须对研究对象所展现的表面现象信以为真，依赖他们在问卷调查里报告的或在电视上表现的，因为，缺乏时间、缺乏接触，他们只能看见这些。这也是我们的问题，因为互联网是一台逸事机器，而新的自恋狂在网上、在问卷里、在电视上被我们窥见，他们必须同时极度自我膨胀，但又得像他们看起来那样和纸或者电视屏幕一样薄。不过，艾莉森之所以看起来这样，只是因为她置身于一个迫使她表演的戏剧化情境里，之后，她又置身于一本书的剧场里，那本书以电视里的少数时刻开场，之后又重复回到那些时刻，然后，她又一次置身于你现在读的这本书里，这本书为了证明其观点，结果却肤浅地描绘了实则非常深刻的人物、思想和社会心理学研究。

*

不过，只消在互联网上简单搜索一番，就能对艾莉森的生活样貌稍微加以扩充。她在亚特兰大最富裕的巴克海特（Buckhead）区一户社会地位较高的黑人家庭长大。她已故的父亲是小查尔斯·A.马蒂斯（Charles A. Mathis, Jr.），曾是女团TLC乐队、歌手亚瑟小子以及南方基督教领袖会议（Southern Christian Leadership Conference）的律师。他也是一名出色的诉讼律师，有报道称赞他为法庭上的艺术家。他还以举办亚特兰大最棒的几场派对出名。“大家都知道，”他的一份讣告引用一位朋友的话说，“查尔斯是怎么玩派对的。”

艾莉森长大后和德奎恩·琼斯（DeQuan Jones）

结了婚，他是一名篮球运动员。他们一起经营一家名为杰特·琼斯（JetJones）的基金会，旨在帮助亚特兰大地区的贫困儿童在学校里获得成功。她制作家谱。现在，她还运营一个生活方式博客，地址是livelifewellblog.com（好好生活博客），这个博客鼓励女性精心打扮、接受教育、出去旅行。你可以购买她的服装，阅读她对婚姻、生活、篮球、旅行的看法。在一份人生中最喜欢的25个瞬间的清单里，她写道，在派对当天她最喜欢的一刻是"当摄影机开始运转之前"，当她和母亲像往常那样，一起在床上吃早饭聊天。她友好地回答博客上的每一个评论。艾莉森还附带在她的博客上宣布，她刚跑了人生中第一场五千米赛跑，她对此感到自豪，虽然她并不太喜欢。她的第一场五千米赛跑也将是她的最后一场。

艾莉森在富裕的环境里长大，但根据最新一份布鲁金斯学会（Brookings Institution）的报告，她所在的城市的财富不均程度位居全国之首，高于旧金山、波士顿和纽约，比全国平均数的两倍还高：在亚特兰大，最富有的5%的家庭所拥有的财富是最穷的20%的家庭所拥有的20倍。另一项研究表明，在2013年，亚特兰大的穷人比其他大都会区域的人更难进入上一个阶级。同时，艾莉森来自黑人家庭，而在这个国家，白人家庭拥有的财富平均要高出黑人家庭90%，这甚至还是在控制了教育程度这个变量的情况下，而这个鸿沟在过去25年里没有变过。

以上这些细节中的哪些和我们理解艾莉森为何在电视上举办如此浮夸的生日派对有关系？我们还不清楚。我们甚至不应该假装知道答案。但如果她是整整一代人的代表，那这一代是面临巨大经济困难的一代。这个寒冷的冬天，在美国，不足50%的公民有全职工作。如果你失业了，在失业后的五个月里，你找到工作的概率是1：5，如果你失业六个月或更长时间，这个概率是1：10。如果你要找付最低工资的工作，那你得找两三份这样的工作。如果你有一份最低工资的工作，你很有可能是大学毕业——拿最低工资的人中一半有大学学历，而大学贷款平均是每个毕业生3万美元。

把年轻人不合时宜的浮夸梦想——比如上大学，比如晋升——认为是自恋的结果，要比谈论造成这些普通梦想泡汤的诸多理由容易得多。拉什猛烈抨击了不公平的经济系统如何迫使其主体表演肤浅的自尊。但当下对瘟疫的预言虽然悲叹轻松信贷的兴起和普通家庭面临的经济困难，在报道其书写对象的自恋症时却义愤填膺，邀请读者在这个文化之外成为诊断者和谨慎的受害者。在这场预言世界末日的道德戏剧中，艾莉森扮演了自己的角色，虽然我们这些观众不太可能被欺骗，真的相信现实生活中的艾莉森会做这些事，如果她不是为了我们而被迫竞争，被迫表演成我们可以谴责的自私到病态的富家女形象，以便我们可以继续成为那些有共情的人、那些好人。

*

在心理学家爱丽丝·米勒（Alice Miller）的经典著作《天才儿童的戏剧人生》（*The Drama of the Gifted Child*）中，她温和地提出这样一个假设：那些积极展现虚假自我的人最可能投身的职业之一是心理学。心理治疗师自己的父母通常冷酷自私，他们从年轻时就对“表现他人需求的无意识信号有特殊的敏感”[1]，他们还发展出一种强烈的动机，试图打着共情的幌子，使用这些技能来操纵他人。“除了他们之外，”米勒写道，“如果

---

1 Alice Miller, *The Drama of the Gifted Child: The Search for the True Self*, translated by Ruth Ward. 1979. Reprint, New York: Penguin, 1997, pp.8–9.

没有这段历史，还有谁会产生足够的兴趣，支撑他们花上一整天试图了解别人的无意识里到底发生了什么？”[1]这本书被广泛认为是在写自恋症，虽然幸好米勒完全没有用到这个词。

《天才儿童的戏剧人生》最初在1979年以德语出版。在那之后，至少有一项心理测量学研究检测了米勒的观点，即自恋狂大多会从事心理学工作，这项研究把自恋人格量表分数和职业道路相联系，结果发现米勒是错的，自恋人格量表得分较高的人更多在商业领域。但是，心理学研究通常依靠调查大学生，即“便利抽样”，因为数据通常是在心理学课堂的大学生身上搜集而来。不仅是大一新生，而且是上心理学课的大一新生，这不仅是特温吉和坎贝尔那项长达30年的研究主要基于的对象，而且（根据一项元研究）67%的心理学研究基于这一人群。这不禁让人思考，我们从推特帖子上有关新研究的消息里搜集到的关于自我、心理健康、“正常”和“变态”心理学的认识里，有多少实际上应该被更正确地定义为对年轻的心

---

1 Alice Miller, *The Drama of the Gifted Child: The Search for the True Self*, translated by Ruth Ward. 1979. Reprint, New York: Penguin, 1997, p.9.

理学学生自我看法的认识。

如果这看起来是一套经过严格筛选的样本，那么这是心理学家之间大量讨论和担心的事。但这可能不会是如此不精确的样本，如果我们注意到这个领域如何渗透在我们生活的各方面，不仅通过心理治疗，还通过教育者对我们使用的各种评鉴分类方法，通过经理使用的管理方法，通过企业使用的对我们的网络行为进行分类、寻找关联的方法，这些信息被提供给市场营销人员，而他们使用的方法正是由同一领域发展而来的，其中包含如何向我们兜售自己当时认为需要购买的商品的秘密。为了应对这种压力，我们研究互联网对治疗心理学的翻译，我们被教导要进行正面思考，要记得心怀感激，每天要做一件利他的事，这样我们才会感觉更好。这是一种私人劳动，却变得日益公众化和强制化——企业管理专家建议首席行政官雇用首席快乐官，对员工的幸福程度进行打分，开除最忧伤的10%的人，甚至我们的政府也被联合国鼓励建立快乐指数，以便测量我们在这方面做得有多好，我们有多努力进行正面思考。[1]为了放松，

1　有关健康量化更完整的叙述，参见William Davies, *The Happiness Industry*, London: Verso, 2015。

我们做Buzzfeed网站上的性格测试，就好像要从这同一种衡量我们成功的测试方法中找出一些享受来，甚至在酒吧里，我们坐下来谈论各自在精神健康上的进展——“我觉得我真的弄明白了。我觉得我越来越健康”——并且对家庭成员、爱人、朋友进行诊断。

或者你不做这些事；上帝保佑你。如果预言不是那么确定我们用“我”这个词用得太多，作家会更准确地说，“有时候我就是这样”，或者“令人伤心的是，这就是我的行事方式”。

但如果你至少做这些事中的一部分，可能学习心理学的大学生确实是代表我们的一个样本。可能关于自爱传染病的语言感觉如此真实并不新奇，而我们也应该迷恋温暖、自然的共情。与此同时，我们点击再点击，获得下一个客观性点击量，下一篇PsychCentral网站上的诸如做这三件事最能有效提升快乐感或者五种方法知道我们的男朋友是不是出轨了之类的帖子——仿佛实验室外有某个人比我们更清楚应该做什么、应该如何去做。

每一个电视真人秀节目都提供机会让我们观看别人在这样的观察下会做什么事，在迫于压力去竞争、维护和评判自己的时候，他们看起来会多么自恋，而他们的处境只不过比我们自己的更被审查、更超现实。有那么一小会儿，我们得以假装自己在实验室外，观看塔克和艾莉森表演，我们通常被迫要做但如果别人那么做又要加以谴责的行为。当我们观看的时候，我们得以假装在这一小会儿自己是心理学家，但我们是笑着这么做的。我们开怀大笑。

当《我的甜蜜十六岁花季》艾莉森那一集播出后，她没有被发配到偏远的第三世界农村为她的自恋受罪，她去了迈阿密大学读心理学本科。

杀人犯

不过，还有杀人犯。在监狱里他不再微笑。这是一种解——特别是当他微笑的时候，他越过了我们可以容忍的边界，无法将其归为人类，因为当他微笑的时候，他看起来最像我们可能会想认识的人。这很怪怖：残酷、陌生、毫无人性的东西在那么一瞬间看起来太像是熟悉、正常、有人性的东西。又或者反之亦然——熟悉温暖的在那么一瞬间看起来太像是陌生冷酷的。

*

我们已经明白这一切；怪怖（uncanny）是我们的日常词汇，用来形容一种惊人的相似。

*

他抱怨各种情况：PlayStation游戏机里没有他喜欢的游戏，房间里看不到风景，他只想撰写世界末日回忆录和宣言，抨击女性和穆斯林的日益壮大，并提议他们应该被打败，可是他得到的橡胶笔让他的手抽筋。在写给挪威政府的一封长达27页的信里，这个谋杀了77个人的男人把上述这支笔形容为“一种难以描述的虐待狂宣言”[1]。

*

描述自恋症疫情的故事反对冷酷，想要获得联系。我们的这场电影想要的则是共情，这部电影讲的是杀人犯的失调行为如何具有传染性，而冷酷的算计者就在下一代人之中，在你的隔壁，在你的房子里，在你的床上。它表现出对善良的巨大渴求。能感知到人们对对方的理解是这个故事里伟大却被摒弃的善。能帮你改善心情的是：也许现在这个故事的流行暗示了一种和它所描述的传染病完全相反的病症。也许它表明我们现在更加

1　引自“Anders Behring Breivik Complains of ‘Inhumane Conditions’ in Prison”, *The Guardian*, November 9, 2012; www.theguardian.com/world/2012/nov/09/breivik-complains-inhumane-conditions-prison.

珍视善良；我们谴责、害怕自恋狂，因为共情是我们越来越重视的价值。

但是，当你发现另一方缺乏共情的那一刻——当你发现他毫无人性的时候——就是你发现自己也感受不到共情的那一刻。

*

地铁站台上，作家在翻包，因为她刚有了一个极其重要的想法，必须马上记下来告诉全世界。从包里抽出手后她发现上面沾满了墨水：钢笔坏了，包里的一切都毁了。在这一天某个无足轻重的瞬间，她无法看到这一瞬间以外的一切，她为世界的残酷和世界上所有的烂钢笔大发雷霆。

*

“我们生活在末日之中”，就像一出我们一次又一次上演的剧本。这个剧本，凯勒写道，非好也非坏。有时候它帮助我们摆脱糟糕的关系，逃离大屠杀，开始革命；不过有时候，它是一种“文明习惯”。我们对此上瘾，想象那个日益强大的邪恶在我们之外，然后，在正在发生的灾难里，我们身处的电影帮助我们达成“麻木同谋”。[1]如果你的行为事先已被写好，它很有意义，而你却不需要为此负责。有时候，从另一个角度来说，因为身处末日之中，我们会做出某种自认为是英雄行径的正当暴力行为。从这个意义上来讲，杀人犯就是“身处末日之中”，但如果我们把他想象成和我们不一样，又或者，如果我们想象别人都越来越像他，那么我们自己也身处末日之中。

*

科胡特和科恩伯格逃离了大屠杀，他们的叙述虽然永远相互矛盾，但为我们描述了与人类邪恶相遇时的样子。他们问道，人怎么会那么冷酷？他们的叙述受到极大的关注，尽管他们俩都小心翼翼，但因为共情被定义为我们所拥有而他人没有的东西，他们的叙述也变成了一个分裂我们的故事。

但为了实现这一点，自恋剧本对共情的定义非常狭窄。它给了我们一个道德尺度，起点是人类共情，中间某处是“无法产生共鸣”，尾端是一种邪恶，用来描述这种邪恶的语言都和人类相反：机器，禽兽。

1　Keller, *Apocalypse Now and Then*, p.8.

在一个我们比以往都更清楚地认识到这些分类站不住脚的时候——如果它们以前能算是站得住的话——它试图把真诚的、有共情的和虚假的、没有共情的区分开来。

米尔格伦的纪录片《服从》上映的时候恰恰是大家都在关注艾希曼审判的时候，人们都想要理解：为何那么多人做出如此禽兽之事？

他的实验过后一年，西北大学的研究者发现，和人类不同，恒河猴宁愿自己挨饿，也不愿意拉链条电击同伴。[1]

*

“你可能不会喜欢我要说的话，”哲学家亚当·莫顿（Adam Morton）以此展开一篇名为《对恶魔产生共情》（*Empathy for the Devil*）的文章。他要说的是，当我们努力去理解某个已经做了错事的人的行为时，我们把自己看作人道的、“道德敏感的”或者“体面的”，而这正是最限制我们的共情准确性的东西。

1 Frances de Waal, “The Evolution of Empathy”, *Greater Good*, September 1, 2005. http://greatergood.berkeley.edu/article/item/the_evolution_of_empathy.

莫顿对共情的定义和我们通常认为的一样，即能和他人分享情感。但是，作为哲学家，他对如何定义这种分享很谨慎：“甲对乙的某种特定心境有共情，当乙经历某种情感或态度时，甲能展现出乙的状态，而甲的展现拥有乙的状态的情感基调和视角。”[1]对莫顿而言，共情不仅仅是一种情感分享，而且是对情感或信念的精确分享，不仅能抓住内容，还能抓住基调，抓住对地点、对视角的感受，而对方的情感和行动皆来自这种地点和视角。莫顿用“展现”（representation）这个词来表达这种分享。莫顿认为，获得这种精确的分享，这种重要的共情，要比我们想象的难得多，尤其是当面对暴力行为，以及面对日常生活中那些看似自私得能算得上邪恶行为时。

莫顿说，当我们试图理解他人时，我们不可避免地会从自己的位置出发，通过和自己比较来理解他人。这个视角限制了我们，让我们只能辨认“一小部分相关因素，认为别的都是不言而喻的”。我们把注意力集中在那些我们能肤浅快速地从自己的生活中识别出的因素，但

1 Adam Morton, “Empathy for the Devil”, in *Empathy: Philosophical and Psychological Perspectives*. Oxford: Oxford University Press, 2011, p.319.

因为我们深信自己是“好的”，我们通常错过了最重要的因素。我们经常这么做，为了生存我们必须这么做，莫顿写道，但米尔格伦的结果之所以让我们感到震惊，这只是其中一个原因。

*

为了说明这一点，莫顿讲了一个故事：一个男人对同事大发雷霆，因为同事工作得太慢，他大喊道：“如果你想慢悠悠地工作，那你就应该早点开始，而不是花那么多时间打扮得漂漂亮亮去吸引你那些死基佬朋友。”然后他开始使劲殴打他。打人者被拘捕，被关进监狱，一名志愿心理咨询师被安排去见他。这个志愿者是个正直的男人，不是那种会把人打一顿的人，而且他想要帮忙。他假设这个犯人恐惧同性恋，而他自己不是那种人，因此他试图寻找方法和他产生共情。他记得有一次，他对一名出租车司机发火，做出了种族歧视的行为，这让他自己感到震惊。他相信自己是正直的，而这个犯人所背叛的也正是这种正直，出于共情，他想起了这件破坏同伴情感的事情，他想象这场事件和犯人的暴力是处在同一个演变体系里，因而坦白了自己的行为。通过和犯人分享这种用刻板印象看人并发火的经历，他认为自己能够帮助到他，并对自己做志愿心理咨询感觉良好。

但莫顿问道，万一这位心理咨询师通过与个人经历进行类比而产生的共情完全错了呢？在这里，他给我们提供了一种行动理论，大致是这样的：我们通常并非像康德认为的那样，精心计算一堆选择，然后通过理性选出最能被归为通用法则、最道德的那个。我们没有时间。或者说，就算我们有时间，每个选择都有好的和坏的一面，都有利益，但也有难以实行的障碍，谁能决定到底是什么促使我们做出决定？但每次，某些事物促使我们划掉这些障碍中的一个。如果我们可以辨认出哪个障碍是重要的，一个人要克服哪件事才能采取行动，莫顿提出，那么我们也许才能真正对情感基调和那个人的视角有所感悟。通常，当我们思考他人的暴力行为时，我们认为自己是正直的，因而倾向于认为他们克服的障碍就是道德观本身。但万一那不是真正重要的障碍呢？为了测试这一点，莫顿必须讲别的故事，这些故事可能和把那个罪犯送进监狱的暴力相类似。

一个有烟瘾但已经戒了烟的女人在安慰一个抑郁的朋友，这个朋友想要抽烟，于是，打着安抚朋友的幌子，这个女人买了包烟，和朋友一起抽了一根，于是她又开始抽烟。

一个害羞的男人长期暗恋一个和他不太熟的女人，她在公交车座位上落下了一本书，于是这个男人跑过去把书还给了她。在跑步带来的肾上腺素的驱使下，虽然他很害羞，但最终还是鼓起勇气邀她约会。

一个很容易感到恶心的女人觉得狗屎很恶心，因此无法忍受要用塑料袋把她的狗的屎捡起来。但她把一小块狗屎误认为是巧克力蛋糕，轻轻松松捡了起来，从此以后，她发现，如果假装狗屎是蛋糕，她就能把它捡起来。

在这些故事里，莫顿解释道，在通往行动的道路上要克服的最重要的障碍是决心、害羞、厌恶。这便是他要我们去思考的：万一我们可以通过克服这些障碍中的一个来理解这个犯人的行为，而不是通过要做好人、要做正直的人这个角度呢？他可能对暴力上瘾，或者当他感到胆小无力的时候，或者当他试图克服对暴力本身或者对他自己某种深深的厌恶时，他会沉溺于暴力。如果是这样，咨询师就必须暂时摒弃自己的想法，也就是，认为最关键的区别是道德的和不道德的行为，从而理解犯人到底为什么会做出那些事。在对犯人进行心理治疗时，如果认为他克服的障碍是礼貌，或者反对使用暴力或通过刻板印象看人，那是不会有多大帮助的。

因此，莫顿认为，我们想要获得某种更快捷、更肤浅的分享，想要获得由此产生的自己感觉良好，这样的需求保护我们，让我们认识不到更深层、更具威胁的分享，那是一种更可怕的相似点，也就是，我们做过很多和杀人犯的行为相类似的事，数量远超过我们可以承受的范围。

莫顿的想法不是愚蠢的相对主义；他不是在说道德和伦理是（或者应该是）相对于我们的处境。他勾勒出迷恋共情所导致的局限：维持我们是有道德的人这个形象会阻碍我们成为自己想要成为的人——善于理解这个世界和他人，善于防止暴行，善于帮助他人疗伤、帮助他人改变。他还指出我们为什么会这么做：在日常生活中，为了快速和他人和谐相处，我们需要能在没有详细背景知识的情况下，清晰分辨出什么行为是道德的，什么行为是残暴的，尽管只有背景知识才能帮助我们真正深刻理解这些行为。当我们开始质疑自身视角的中心位置和正确性时，当我们开始寻找重要的细节以便更准确地展现对方时，我们发现太多相似之处，太多“普通的行为与残暴的行为是相连续的”，于是我们无法正常运作。

选择把他人看成是我们对正直的错误感觉的镜像映射很容易——想象当他们做自私或暴力的事时，他们憎恶的一定是正直。有时候，当自恋剧本通过我们说话时，它帮助我们这样想，它规定亲密和共情是道德里最高的善，也是他人日益缺乏的东西，因此我们可以对男朋友、对米尔格伦的实验对象、对纳粹、对千禧一代、对整个世界表演惊愕——而在同一个时刻，如果我们能认识到背景里的不同，我们会发现一种过于具有威胁性的相似之处。

在坏男友、千禧一代和杀人犯的例子里，让我们无法真正理解和感受他人的不仅仅是正直，还因为我们深信人类和非人类之间的对立，我们深信心理“健康”。事实上，这个剧本一再犯的错误（即人类的对立面就是非人类）可能是让我们在长达数个世纪里无法更深刻地理解什么叫去做莫顿所谓的“共情的工作”[1]的一部分原因。

---

1 Adam Morton, “Empathy for the Devil”, in *Empathy: Philosophical and Psychological Perspectives*. Oxford: Oxford University Press, 2011, p.321.

于是，对正直的自恋恰恰带来了我们正直的人所害怕的事：它阻碍了一种深刻的情感分享。但那种分享正是对活着的感受，在我们日常说教的另一端的某个地方，它一直在那里。

*

在意大利帕尔马的一个实验室里，在1990年初，神经科学家注意到，如果恒河猴发现某人在做某件事的方法和它们自己做这件事的方法一样时，它们大脑里的同一部分神经元会点亮。[1]这些神经元后来被称为镜像神经元，并且带来了神经科学界近来最惊人的革命之一。镜像神经元位于前运动皮质（F5区）和顶下小叶（PF区），有些人认为，它们展示了我们如何理解、模仿、学习和享受他人在做的事情：通过模拟那些行为，在我们的大脑里虚拟它们。

镜像神经元可能可以解释灵长类学家弗兰斯·德瓦尔（Frances de Waal）一直以来声称的观点：最接近人类的灵长类动物会互相安慰，停止打架，创造并

1 Marco Iacoboni, *Mirroring People: The Science of Empathy and How We Connect with Others*, New York: Farrar, Straus and Giroux, 2009.

遵守让彼此都觉得更公平的社会规则，回报恩惠——这些都是共情行为，是一种和人类相似到怪怖的道德观的基石。神经科学家很少能在人类大脑中安装传感器，但一些对癫痫患者的研究，以及来自其他群体的神经图像，都假设人类大脑里也有一种类似的镜像神经元回路。之后的研究已经显示，在婴儿时期，出生后几分钟我们便开始模仿照顾我们的人的行为，可能就是镜像神经元在帮助我们快速学习语言，捕捉他人情感，模拟他们的面部表情。镜像神经元的研究进一步印证了我们从发展心理学和情绪感染研究中获得的信息：我们通过模拟周围的人的行为而成长为人。我们模拟世界杯进球，虽然那是别人的行为。这些镜像神经元似乎容易受到训练的影响——如果我们曾踢过足球，那么我们对进球的模拟就会更加激烈——但人人都会模拟。换句话说，我们理解他人在做的事情，因为我们在自己的内心做他们所做的事，无论我们是否愿意，无论我们是否意识到。

镜像神经元科学家V.S.拉马钱德兰（V.S. Ramachandran）2007年在网站Edge上发表了新的文章《自我意识的神经学》（*Neurology of Self-Awareness*），他称赞这场发现的本质是宗教性的，他把镜像神经元称为

"共情神经元"，他起这个名字是因为在进行共情镜像映射时它们"消除自我和他人之间的障碍"。镜像神经元的发现确认了一些哲学家的怀疑，他们反对康德的精妙公式，认为我们做善良公正的好事的能力不是来自仔细的推理，而是来自一种能理解他人感受的自然能力。当empathy（共情）这个词从德语einfühlung进入英语时，它最初的意思是"感受进入"——这种能力被深受亚当·斯密和大卫·休谟影响的哲学家所赞颂，之后，在欧洲大陆也被诸如胡塞尔和海德格尔等现象学家所赞颂。早在1759年，在一段经常被引用的段落里，斯密写道：

> 虽然当我们的兄弟经受折磨时……通过想象，我们设身处地站在他的角度，想象自己承受完全相同的痛苦，我们似乎进入了他的躯体，在某种程度上成为和他相同的人，因此对他的感受形成了某些想法，甚至，虽然程度较轻，但体会到了并非完全不同的感受。[1]

1 Adam Smith, *Theory of Moral Sentiments*, Oxford: Clarendon Press, 1959/1976, p.9.

在发现镜像神经元的20年前，和休谟、斯密以及美学家西奥多·利普斯（Theodor Lipps）一样，吉拉尔认为我们在内心模仿他人。在他所有的作品里，他认为，这种模拟不仅是我们遇见和理解他人的主要方式，也是我们最初成为自己的主要方式。镜像神经元研究具有争议，并且仍在持续进行之中，但它或许能够确认他的疑问：我们并非出生在世界的中心，而是出生在我们自己和照顾我们的人中间的某个地方。只有通过把他人——我们想要成为的人——的行为在自己身上进行镜像映射，我们才能成为自己。吉拉尔认为，我们以这种非常真实、物质的方式理解对方，我们也因此存在，不觉得孤独，能够确立边界，在我们自己和那些我们可能勇于去爱的人之间实现经济交换，但永远处在中间某个地方。

这是吉拉尔最初反对弗洛伊德的地方：弗洛伊德认为，爱是稀缺的，是对自我的丧失，是一种牺牲，因为我们都是独立的，与对方完全不同。因为对自我的如是想象，我们便有了囤积爱慕的自恋狂形象，有了囤积物品和关注的年轻人形象，也有了自恋领域各种有关自恋狂和自恋供给者的故事。但是，与他之前的科胡特和温尼科特一样，吉拉尔认为，这种模仿让自我成长，而非减少自我。

所有这些关于分享的看法似乎令人感到安慰。但如果我们的形成像吉拉尔所说的那样如此变动不居，我们的分离性就和任何冷酷恶棍的分离性一样都是面具。虽然“消除自我和他人之间的障碍”听起来很美妙，有某种模糊的宗教感，但吉拉尔认为它也可能是最大的威胁，尤其是因为我们认识不到自己是多么由他人构成，而我们绝对不想认识到这一点。这种无意识的同伴情感可能就是为什么有时候我们如此难以去做出莫顿所建议的行为。

模仿的无处不在所造成的问题也得到情绪感染学者的肯定：

> 人们似乎能够快速模拟他人的表情、声音、姿态。结果是，他们能以惊人的程度在他人的情感生活里感受到自己。然而，令人困惑的是，在社会接触中，大部分人似乎无视模拟和同步的重要性。他们似乎意识不到自己能多快、多完整地追踪他人的

表达行为和感情。[1]

模拟太常见，他们继续写道，所以最具影响力的真正变量反而是模拟的缺乏：当我们不被模仿的时候，我们感到惊讶，反应激烈。当同伴情感关闭的时候，我们慌乱失措，部分是因为我们没有意识到，大多数时间我们都在表达这种感觉。可能是出于好的原因；有时候，当我们在瞥见它的边缘时，那是最糟糕的。

当你看见好朋友的脸时点亮的神经元和当你看见镜子里的自己时点亮的神经元一样，但如果你和朋友伸手拿同一件东西，甚至如果你无意识地模仿他的欲望，尤其是你发现自己也被他的女朋友吸引，尽管你不想这样，那就有问题了。这是吉拉尔的主要观点：暴力来自模仿，来自过多的相同，而不是过多的不同。如果我们是从彼此之间形成自我，我们也在不惜一切代价隐藏这一点。我们对模仿的欲望揭露了面具，当它破裂时，吉拉尔认为，暴力就产生了：产生在真相被揭开的那短暂一瞬间，而这真相便是，我们什么都不是，只不过是对

---

1 E. Hatfield, R. L. Rapson, and T. C. L. Le, "Emotional Contagion and Empathy", in *The Social Neuroscience of Empathy*, edited by Jean Decety and William Ickes. Cambridge/London: MIT Press, 2009, p.26.

他人的模仿，当我们去追求他们想要的东西时，因为我们无法控制自己，我们整个神经系统就在公之于众的边缘。同伴情感舒适面的另一端，便是战争。

*

从更大的范畴来说，帮助我们正确理解亲密之人的事物恰恰阻碍我们理解世界。在基本的认识层面，即“认识到他人是在我所关心的生命范畴内”，所有生物都有局限。当给恒河猴看其他和它们相像的猴子的脸的照片时，如果这些照片里的猴子逐渐和它们越来越不像，它们会达到神经科学家所称的“恐怖谷”，然后就会吓坏了，和我们一样。[1]

还有研究证实，鸡可以识别并记住110张其他鸡的脸。超过这个数字，它们就会感到迷惑，惊慌失措。[2]这是当鸡和成千上万只其他的鸡一起关在笼子里时，它们会试图啄死对方的一个原因。

分裂，试图通过把世界清楚地分为好的和坏的，从

---

1 Shawn A. Steckenfinger and Asif A. Ghazanfar, “Monkey Visual Behavior Falls into the Uncanny Valley”, *PNAS* 106, no. 43 (October 27, 2009): pp.18362–18366.

2 Carolynn L. Smith and Sarah L. Zielinski, “The Startling Intelligence of the Common Chicken”, *Scientific American*, February 1, 2014; www.scientificamerican.com/article/the-startling-intelligence-of-the-common-chicken.

而来控制世界，是自恋狂变得冷酷时做的事，也是为什么他那么令人害怕：他已经决定了你是邪恶的，或者你不再站在他这边供养他的自我形象，因此你反对他。但对鸡、猴子和剩下的我们来说，分裂也发生在我们的共情范畴的边缘，也就是说，在我们认为是相似的生命范畴的边缘。

研究显示，因为我们不知道有多少关于他人的认知是来自局部层次的镜像映射，我们向更大的群体精确地投射出自己的快乐程度、犯罪经历、解决问题的能力，以及政治观点，而且群体越大，我们也就越容易出错。

德瓦尔担心，在更大的范畴里，对人类来说，对陌生人的共情之所以如此困难，正是因为共情准确性演变自如何保护个人所在的小团体抵抗外来者，因此，它无法延展到团体之外。共情的演变是为了让社会组织团结在一起，并且延续下去；为了和其他生物的小团体共处，你们必须相互理解。如果你是群居动物，而且是猎物，你必须有能力在短暂的一瞬间明白应该怎么做：你和其他羊驼采取一样的行为，而不是采取狼的行为，你撒腿就跑。

此时此刻，互联网诡异地涌入我们的视线，从上、从下、从四周，就在我们的认知之外，只能通过我们的设备屏幕得以窥视，不是某种个别自恋症的“超级传染体”，而是实验室里对共情的测量，甚至是基本的同类认同，以一种超越我们能力范畴的规模和速度。

*

镜像神经元的发现让自恋症疫情预言里隐含的对共情的道德看法变得更为复杂；如果理解他人的行为和他们想要的东西是一项基本功能，甚至算得上是我们以及灵长类生物的生命基质的话，那么它并不能完全算是做善事的必要条件，或者甚至是成为人类的必要条件。内在镜像映射和做善事、不自私之间的关系实际上无比复杂。[1]关于我们的共情能力何时正确和如何正确，以及它何时引领我们去善待别人，我们比以前了解得更多，但远不能算是透彻了解。通过把观众对别的（本人或视频里的）主体的情感解释与被观察的人自己汇报的情感状态相比较，“共情准确性”实验试图解开第一个结——

1　这一段和下一段里引用的研究的详细解释参见Decety and Ickes, Social *Neuroscience of Empathy*。另外参见“Empathy”, in the *Stanford Encyclopedia of Philosophy*。

我们有多擅长“感受进入”，而不仅仅是投射？一项名为双眼读心的测试可评估人们是否能正确理解他人的心思。举个例子，研究者发现，自闭症和艾斯伯格综合征患者更难理解他人的想法，而男性比女性更自闭；对别人来说，边缘性人格障碍患者尤其难以理解；虐待狂丈夫倾向错误地认为他们的妻子挑剔、不接受他们，不是因为他们没有能力对妻子产生镜像映射，而是因为他们完全放弃了去理解妻子感受的能力。[1]长期密友比陌生人拥有更高的共情准确性，但对已婚伴侣来说，结婚一年后共情准确性下降。

如果在理解什么样的镜像映射行为和什么样的分享会带来“亲社会”行为上神经科学让我们困惑的话，在所谓自恋狂问题上更是如此。一项研究表明，在自恋人格量表上获得较高分数的人自动对他人进行镜像映射的程度较低，因此对他人的理解也更少。然而，甚至反社会者也有共情准确，被诊断患有自恋型人格障碍的人也有。在塔克·麦克斯公开宣布放弃他的自恋症前，纽约大学认知科学家斯科特·巴里·考夫曼（Scott Barry Kaufman）让他填写了自恋人格量

1 Decety and Ickes, *Social Neuroscience of Empathy*, pp.57–70.

表问卷（他在40分里获得了31分），然后对他进行了双眼读心测试。[1]麦克斯的得分也很高，他理解他人感受的准确度高得惊人。但在大五人格测试（Big Five personality test）里，他的共情分数不出意外地很低。问题可能在于，人们可以非常擅长理解他人的心理状态，而不需要有意识地分享这些状态，正如考夫曼在《赫芬顿邮报》的文章里提出的，分享他人心理状态的意识正是产生共情的动机。在这方面，一些研究者区分了暖共情和冷共情。不过，其他研究者认为正是因为自恋型人格障碍患者确实能分享他人的情感，而且分享得太多，同时又不能区分自我和他人，因此测试结果是自恋狂的人变得冷酷愤怒。不管是哪种解释，麦克斯的问题似乎不是像自恋剧本声称的那样缺乏对他人的理解，而是吉拉尔自我的问题，通过镜像映射形成，却变得更糟：只是因为我们是由分享构成，不代表我们对他人的理解（通常是无意识的理解）会让我们关心他人或善待他人。

神经科学家会继续试图解开这些结。不过，他们的

1 Scott Barry Kaufman, “Are Narcissists Better at Reading Minds?”, *Huffington Post Science*, February 14, 2012; www.huffingtonpost.com/scott-barry-kaufman/narcissists-theory-of-mind_b_1279069.html.

发现已经给剧本里所认为的自恋源自缺乏共情这个观点带来了问题。[1]他们模糊了自然共情和不自然表演之间的区别。他们告诉我们，不仅仅是自恋狂，而是我们所有人都通过无意识的和有意识的镜像映射来创造自己，同时把这些反应藏在个体性的面具背后。我们对他人无意识的镜像映射在某些情况下让我们更准确地理解他人行为，但在其他情况下却没那么准确。他们确认了吉拉尔的担忧，因为镜像映射无意识而又无处不在，它能分裂我们。

我们得忽略这一切才能支撑我们的观点，也就是，因为我们是好人，所以与好人产生共情很简单，与坏人产生共情很困难。莫顿认为，我们需要：

> 夸大在通常情况下产生正确、非虚假的共情的容易程度。我们要认识到，任何不干预共享活动的同伴情感都可以被用来代表真实的、重要的心理因素。我们把和残暴行为产生连续性的容易程度降到

---

1 "Empathy and Sympathy", from *The Internet Encyclopedia of Philosophy*, www.iep.utm.edu/emp-symp.

最低。[1]

也许，尤其是在我们相信（因为所有关于恋爱、友谊、精神健康、亲密关系的传统叙述都这么告诉我们）某个人应该是世界上我们最熟悉的人的时候，我们更会这么做。讽刺的是，在诸多认为自己和自恋狂在一起的女人的描述里，她们所拥有的共情（她们把自己和自恋狂进行对比，称自己是“共情者”“先知”，无比敏感的人）彻底妨碍了她们理解自恋狂。在这个范畴的另一端，也许，当我们以互联网的速度面对陌生人时，我们倾向于夸大自己的共情能力。

但如果互联网是对共情的实验测试，那么它同时也是我们自身的倒影池。我们每天在屏幕上看见各种感染，比如情感的传染性、思想的传染性、构成我们自身的小型暴力等的传染性，它们具有依赖性，空洞，不自然，被镜像映射，被创造。

当我们发现所有想要维持其特殊性的事物其实都是相同的，我们便陷入了吉拉尔所谓的“牺牲危机”。于

1　Adam Morton, “Empathy for the Devil”, in *Empathy: Philosophical and Psychological Perspectives*. Oxford: Oxford University Press, 2011, p.330.

是虚假空洞之物被放置在祭坛上，每一次我们献祭它们的时候，我们便加入充满共情的“我们”。

这项仪式合唱道：文化是我们的坏男友；世界是杀人犯；有人类和野兽，有共情者和吸血鬼，有深层次和表面，有温暖健康的自我和冷酷空洞、充满算计的人，有好人和年轻人，有爱和有用性，有关注他人和以自我为中心，有真实和表演，有充满关爱的过去和肤浅残酷的未来，有绵羊和山羊。真正“做共情的事”的共情到底是什么样的?

*

另一个故事：几年前，四个朋友在波多黎各主岛附近的比克斯岛上的一间小屋里睡觉。天亮了，出于某种奇怪的感觉，沉默中有一种重要的完整感，每个人在各自的房间里醒来。她们不知道别人也醒了。一个接着一个，他们走向各自的窗户，发现小屋被一群野马包围，它们肌肉矫健的光滑身躯沉浸在一种集体休憩中，感受先于理解。在半睡半醒间，他们每个人都体验到一种只是因为近在身旁而产生的身体感受。谁说这些朋友没有感受到马所感受到的东西？但是，到底是在那一刻，还是在反复讲述那天早上的那个故事的时候，他们开始理解马群的存在是无害的？如果是在反复讲述之中，那么那种快乐是不是就没那么真实，因为它是虚构的，也因为那是一种阐释？

为了理解他人的自私，甚至像莫顿这样的哲学家都得讲故事，小心试探，以猜测的方式去想象我们自己，脱离自身的时空位置，意识不到我们其实一直在看着镜子。这些故事多种多样，长期以来防止我们了解真相。

吉拉尔的论点的一部分是，小说家最能够看透“自恋幻觉”。他对弗洛伊德的批评也是对马塞尔·普鲁斯特的阅读，普鲁斯特对小说主角的爱慕对象的描述——比如普鲁斯特最迷恋的阿尔贝蒂娜——和弗洛伊德描述女性自恋狂的方式非常相像，都是充满了自我满足，以及弗洛伊德所谓的“幸福的自主”。吉拉尔认为，普鲁斯特消解了自恋幻觉，他对自己的方式的想象到了一种极端的程度，以至于他不再相信对方是有魔法的，和吉拉尔在自己职业生涯里写到的其他小说家一样，普鲁斯特不像柏拉图害怕的那样掩盖真实的生命，而是拉开遮掩的幕布。

如果说普鲁斯特能够拉开自恋幻觉的帷幕，可能是因为他和任何小说家一样，和莫顿一样，能够启动我们的镜像功能，那么他然后让我们慢下来，帮助我们同时从不同位置看待一切，我们卡在世界的中心，他把我们往外移，移到一种明确的共情位置，一种必须同情的位置，通过表现和阐释——就像在破晓之时在一群野马之中醒来。

但那样的话，那种重要的共情，即真正“做共情的事”，便不会是自恋剧本赋予其受害主角的那种自然的、人性的、真实的、不受影响的感觉，而更像是剧本里反派通常被谴责的：莫顿选择的词是展现、小说，甚至是回忆录，以及故事里的那种能被人感受到的虚拟，就像开启这一切的那个故事一样。

艺术家

纳西瑟斯是仙女利里俄珀被强奸后生下的孩子。她在河里被河神克菲索斯强奸——她差点被淹死，然后这位美丽的仙女生下了一个更美丽的孩子，这孩子太迷人，“尽管只是个婴儿，他都能让女孩心生爱慕”。利里俄珀找到先知忒瑞西阿斯，询问她的儿子是否会长寿，忒瑞西阿斯说：“除非他永远都不认识自己。”

纳西瑟斯成为一名猎人。男孩和女孩都爱慕他，但他从来不回报他们的爱。被他拒绝的男孩中有一个“伤心欲绝，被落在一边”，向天诅咒纳西瑟斯。“愿他只爱自己。”他呼喊道，“却永远得不到那伟大的爱。”[1]听到这个诅咒的不是别人，正是复仇女神涅墨西斯。

一天，当纳西瑟斯在森林里猎鹿时，涅墨西斯实施了一场复仇，在过去的一个世纪里，这场复仇变成了有关冷酷和自恋的故事。但预言说的并不是纳西瑟斯会爱上自己，而是他会认识自己；诅咒的点不是他会爱上自己，而是他“得不到那伟大的爱”。

*

在森林深处，纳西瑟斯发现了一片深色的湖，这个湖如此幽僻，没有一只鸟到访过，也没有一片树叶掉落在水面上，奥维德写道。湖水甚至不被阳光照射。纳西瑟斯觉得这片湖水很“迷人”。别人总是黏着他；在这里，他终于得以独处。

但他不觉得自己只身一人。在湖水中，纳西瑟斯瞥见了自己的倒影。他并没有凝视自己，他喜欢看见的一切；他犯了个错误，认为他看见的是别人。他不知道他所看见的形象的特征都是他自己的，“那两个星辰是他

1 所有引言来自 Ovid, *The Metamorphoses*, translated by Horace Gregory. New York: Viking, 1958, pp.95–100。

的双目”，那秀发“如酒神巴克斯的头发一般神圣，如太阳神阿波罗的头发一般闪耀”，还有那“带有孩子气的美貌”。他并不冷酷；他想要分享自己的情感，认为自己和这另一个男孩完美地分享了彼此的情感：“甚至当/我伸手，你的双臂几乎拥抱到我，而当/我微笑，你亦投我以微笑。”他哭泣，湖水里的男孩也哭泣，他们形成完美但虚拟的同步。因为他认为自己看到的是另一个人，他感到很苦恼，无法靠近也无法拥抱那个男孩，他被困在了那里。出于对这亲密幻觉的心碎和不解，他朝着森林怒吼。奥维德轻柔撕裂的正是这个幻觉，认为爱情可以如此完美无缺，两个一模一样的人形成如此理想的和谐，一个封闭回路，在这错把自己的倒影当成别人的爱里，奥维德假借纳西瑟斯之口，讲出了他希望我们学到的一课：

> 看！我就是他；我所爱的
> 就是我的影子，在这爱中我燃烧，
> 我点燃火焰，感受到其中的烈火；
> 那我应该做什么呢？我到底是爱人
> 还是被爱的？那为何做爱？既然我

就是我所渴求的，那我的财富
如此伟大，它们令我贫穷。

纳西瑟斯伸手去触碰他爱上的这个男孩，结果搅乱了水面。他的面具险些滑落，而他的身体也被掏空："现在爱情干涸了/我的生命，看！我在生命绚烂之际即将死去。"他的眼泪模糊了倒影，这个男孩泛起涟漪，看起来很奇怪，并且开始消失，于是纳西瑟斯哭喊着让他不要离去。他撕裂了自己的衣服，捶打自己的胸膛，直到身上布满了乌青。他的脸颊曾一度绯红，他的身体曾一度充满青春活力，但现在他被掏空了，脸色苍白，昏厥了过去。

哀悼某人对你缺乏爱慕，认为他们的回绝是源自空洞，把你自己的空洞误认为是他们的，当成欲望带给你这样的感受：这便是奥维德给我们的悲剧。纳西瑟斯是冷酷、虚荣的被爱之人，还是受害者的一张画像？奥维德让这个男孩自己来问我们：他到底是爱人，还是被爱的？不过，以防我们不理解这个故事，奥维德的故事里还不只是纳西瑟斯。

奥维德的故事很可能是源自古希腊诗人尼西亚的帕耳忒尼俄斯（Parthenius of Nicaea）的作品，在原版的基础上，奥维德添加了一个女孩厄科，她也被诅咒了。她只能重复别人说的话。在森林里游荡的她看见了外出打猎的纳西瑟斯，和他爱上湖水里的男孩一样，她也迅速深深坠入了爱河，就像“硫磺/在火炬的顶端，跃入火中/一旦另一火焰略微靠近” 。被爱火灼烧的她，伴随纳西瑟斯在森林里游走，等待他对捕猎的鹿说出正确的话，这样她也能捕猎他：“过来。为什么要逃离我？我们可以在这儿相见。”

可怜的厄科，她没法子。过了一会儿，她想出了这个绝妙的策略：她从一棵树后溜了出来，张开双臂抱住纳西瑟斯。因为从来没有遇见过她，纳西瑟斯的回应自然是恐惧：“不，你不能碰我——走开，拿开你的手，让我死吧/在你用那可怕的锁链缠住我之前。”厄科重复道：“哦！可怕的锁链缠住我。”纳西瑟斯离开了厄科，遇见了那片湖水，他留在树林里看着水面，心碎焦虑，重复着伤心的话语，直到他彻底消亡，变成一朵花，而他的灵魂则前往冥神哈的斯的府邸。

*

你总是会有机会从厄科的角度看整个故事，看着你想要的那个人背过身去。他可能是在看别人，但站在厄科的角度上，他在看他自己。

也许你看见了他；也许你捉住了他。也许是她，或者是他，不过暂且就让我们用他吧。或者，也许他刚开始回避，不在乎发消息告诉你他在哪里，而同时，你形象地想象：他去酒吧见她，他早到了一会儿，低头看着手机，她发消息说她刚下地铁，他回复她说“跑过来”，就像他以前发给你的那样。你在家里回复积压的邮件，可能刚把孩子哄睡，但你能看见，或者你能想象到，她在人行道上一脸兴奋，对着橱窗补妆，然后打开酒吧大门。她看见他在酒吧里，背对着她，他的身体弯向旁边的某人，她犹豫了。但他知道她在那里。他转过身来，看见她，不由自主地——如果你能看见或想象到那个场景的话，正是这份不由自主让你不爽——兴奋起来。他卷起左边袖管，试图克制微笑。他朝她点了点头，为她把身边一把空椅子拉近。他亲吻她的时候并不比他在过去几个月里亲吻你的时候更饥渴。不是那当中的不同让你害怕，而是其中的相似之处。他熟悉的动作，微笑的方式，迷人之中带着紧张，然而他所做的一切似乎只是针对此时此刻面前这个女孩，独一无二。

但你可以看见，从你的视角，那一切和她无关，一切都围绕着他转。让你难受的不是他不在你身边，也不是他的遗弃，而是他变得陌生，把最自然的事情变成表演，变得虚假。如果他能对她说的话报以相同的微笑，如果他的双手能以相同的方式在她身上游走，就像以前在你身上游走那样，那么他所做的一切必然不是真的，要么他没有真诚对你，要么他没有真诚对她，或者他对你们俩都不是真诚的。可是那感觉如此真实；他让你感觉，他一度让你感觉，非常亲近。如果他能表演爱的动作——什么样的人能做出这种事？——能够伪装出爱意，甚至伪装出紧张和容光焕发的样子，他必然没有共情能力。如果他并非如此，如果他有能力产生共情，那就是他在面对你的时候放弃了那个能力，因为你不再可爱，或者你从来不是终点（你怎么会错过这一点？），你一直只是一种手段、一个物件、一个非人的东西，你是空洞的。

*

在希腊文里，apocalypse（世界末日）的意思是拉开帷幕揭露真相。我们将之精炼：暴力的灭顶之灾，世界的终结，仿佛真相永远都是一场灾难。他背过身去的结果是：把你所知道的世界撕裂，向你展示末日是那么近，而你轻易就能被取代，从而揭露出你那难以维系的脆弱。

*

盖伊·特立斯（Gay Taleses）在他的书《邻人之妻》（*Thy Neighbor's Wife*）里写道，在20世纪70年代洛杉矶的开放式婚姻群体里，有时候，当丈夫或妻子第一次去另一个房间和别人在一起时，那个被留在身后的配偶会失控恸哭。[1]哪怕这个配偶自己选择参与其中，他或她还是会颤抖甚至大叫，就像从父母身边被抽离的小孩一般，留下厄科的眼泪。

*

自恋剧本里的人似乎麻木不仁，就像和他同名的古老花朵一般有毒。但这个剧本也令人麻木。面对悲剧，面对当你意识到你的存在无法和欲望分离并会被欲望毁坏这样的世界末日时，这个剧本能前来救场，就像止痛药一样。

---

1 Gay Talese, *Thy Neighbor's Wife*, 1980. Reprint, New York: Harper Perennial, 2009, pp.218–226.

*

这种宽慰虽然不足——认定坏男友是邪恶的——但总比在世界末日中受折磨要好。它要比感受到历史把你留在身后要好：一两代人一半的时间生活在线上，在图片和迷你回忆录里像小明星一样表演，寻找整个世界的时候就好像他们只是在看着自己，对我们、对未来都毫无兴趣。

*

这个剧本只有一种含义，把所有的可能都变成一个怪怖的故事：别人是虚假的，而你是真实的。但在奥维德的故事里，要全面理解纳西瑟斯则更加困难；他是谁取决于你站在什么位置看他。

学者推测，站在奥维德可能的来源帕耳忒尼俄斯的角度，纳西瑟斯的故事并非对同性恋的谴责；相反，那是年长的男人告诫他们想要侵犯的年轻男子的警世故事，一种警告，就像我们当下对千禧一代、对虚荣的预言，一种道德力量的肯定。但从弗洛伊德的角度，这个故事讲的却是酷儿性、不成熟的女性特质、过度的相似、拒绝成熟、异性恋爱情、剧本。

对先知忒瑞西阿斯而言，纳西瑟斯的故事讲的是一个“认识自己”的警世故事，一种当我们发现自己无处不在时所陷入的幻觉。对涅墨西斯而言，纳西瑟斯只不过是另一个需要诅咒的神的混账孩子，愚蠢空洞，复仇的回旋镖。对厄科而言，某人转身离去时他看起来就是那个样子，他是从局外角度看到的欲望的噩梦，彻底的自我沉溺。

奥维德最快乐的爱情故事是鲍西丝（Baucis）和费莱蒙（Philemon）的故事。他们的爱情特征是他们的热情好客和对他人的慷慨大方。他们贫穷，但对陌生人敞开大门，其中一次，他们招待的陌生人其实是神。当神想要回报他们的时候，他们的愿望是两人中一个不会比另一个更早去世。事实上，他们没有死，而是变成了两棵树，一棵欧椴树，一棵橡树，这两棵树从各自分离的根系里长出来，融入对方，他们的枝蔓交错缠绕，就这样永远活下去。

这种在一起的方式纳西瑟斯和厄科只能做梦梦到，但他们非常努力尝试得到这种爱，甚至有点可笑。对比奥维德故事里的真爱——对他人、对神明的热情，两个人既在一起同时又是独立的个体，无止境的时间——最初的自恋剧本看起来不太像是病态或邪恶的画像，而更像是在讲身份的错位，讲我们需要通过什么样的幻觉才能获得爱情。纳西瑟斯没有意识到他在看自己的脸，他认为他在看别人。厄科没有自己的语言，必须靠别人的语言生存，她错把控制和捕捉当成爱。厄科没有实质，只有他者；纳西瑟斯的他者没有实质，只有他自己。从这个角度来说，他们的故事和自恋狂无关，而和吉拉尔的“自恋幻觉”有关：我们由彼此构成，但又对此毫不知情。通过添加厄科这个角色，并让我们在森林里观看他们俩，奥维德向我们展示了自恋狂和受害者是可以互换的，两者一起困在同一个地方，无法超越他们所处的时刻来看问题，甚至无法看清谁是谁——鲍西丝和费莱蒙的亲密来自向他们不知道是神的陌生人敞开大门，而纳西瑟斯和厄科则像是对这种亲密的滑稽模仿。

*

几个月或者几年后你会明白这件事，如果你能明白的话：他和你在一起的方式可能是真的，而且那确实是爱；他和另一个女人——不管是真实的还是想象中的女人——在一起的方式也是真的，那也是爱。下一次你和另一个人坠入爱河时你可能会理解这一点，然后发现自己还爱着他。你只是把自己的爱在时间里延展开，而他则是在空间里延展开。

但当你的视线凝固在他背过身去的那个画面时，你无法理解这一切，即时间的角度。你和厄科以及纳西瑟斯受同一种幻觉的折磨：在任何时间里，只有一个人可以在另一个人的世界中心，最理想化的状态是，那个人永远是你。这是所有自恋恋情网站邀请你去的地方：在世界的中间，困在时间里，评判别人的道德状态，直到爱情逝去。

在弗洛伊德的自恋狂到来以前，奥维德给我们讲了一个故事，这个故事不仅和虚荣的危险性有关。这个故事也讲了另一种危险：把自己锁在悲痛哀悼里凝视着转过身去的那个人，认为她或他和你如此不同，困在一个不停重复的时刻里，站在你的角度误认为那个时刻就是知识。

厄科被一个她从未和其开口说过话但此时此刻却深深爱上的青年击溃，她的命运是余生在森林里游荡，被痛苦慢慢吞噬，直到她成为一个“苍白、布满皱纹的”影子，接着变成“一片空气”，然后只有骨头，又变成了“磨薄了的石头”。最终，她消失了，剩下的只有她的声音，重复着他人的话语。甚至在纳西瑟斯捶打自己，从人变成令人麻木的花朵之后，厄科的声音仍萦绕不绝。奥维德告诉我们："她被所有呼喊的人听到；她的声音拥有生命。"

奥维德把纳西瑟斯送去了地下世界，却把我们留在森林里和厄科在一起，永远重复着别人的话语：哦，他人的自私，自私，自私。

世界

在某个时刻，因为测量新的自私的问卷调查——比如自恋症疫情预言所基于的自恋人格量表——不太可靠，特温吉和坎贝尔便开始计算词汇。他们认为，小说和歌曲等文化产品里的用词不存在“自我汇报的测量方法里常见的那些偏见”[1]。写“我”显然和以自我为中心相对应，而写“我们”则与以他人为中心相对应。他们找到了想要寻找的东西——自从1960年以来，在美国小说和非虚构类作品里，“我们”这个词的使用次数降低了10%，而“我”这个词的使用次数则上升了42%。他们还发现，“你（们）”和“你（们）

1 Jean Twenge, W. Keith Campbell, and Brittany Gentile, “Changes in Pronoun Use in American Books and the Rise of Individualism, 1960—2008”, *Journal of Cross-Cultural Psychology* 407, no. 3 (2012): pp. 406–415.

的”的使用次数翻了两番，但他们不认为这是以他人为中心的证据，也不认为这说明更多的心理学自我励志书籍得以出版，他们把这当作“一种上升趋势，直接对读者说话，把他或她包括进对话中”，因而是“另一个个人主义的指标”[1]。

和大多数科学家一样，上述作者确实更常用“我们”而不是“我”，但是，他们有两个人，一起写作。这本书的作者弓着背在电脑屏幕前，只身一人在黑暗的高墙室内，皱着眉头看着电脑屏幕上的研究，想着“以自我为中心”的句子，比如“我感到对不起，我爱你，让我帮助你，我想知道”。这本书的作者还在思考格鲍尔（Gebauer）、赛德克蒂斯（Sedikides）、凡普朗克（Verplanken）和麦奥（Maio）的研究——这是这本书里提到的最后一项研究——这项研究发现“集体性自恋狂”表面上显得慷慨大方，积极参与政治，强调自己对他人的关心，以此来满足自恋需求。[2]这本书的作者担心，如果表演共情和同情以及表演社会性会被当成维持自我性的病态需求的一种

1 Jean Twenge, W. Keith Campbell, and Brittany Gentile, “Changes in Pronoun Use in American Books and the Rise of Individualism, 1960—2008”, *Journal of Cross-Cultural Psychology* 412, no. 3 (2012):pp.406–415.

2 J. E. Gebauer, et al. “Communal Narcissism”, *Journal of Personality and Social Psychology* 103, no. 5 (2012): pp.854–878.

体现，如果你可能用“我们”这个词是因为你虚荣，执迷于展现一种集体性形象——更不要说还存在另一种可能性，即“我”这个词的使用量增长42%可能是因为更多人开始负责——那么这种词汇计算，用一个词来说就是，糟透了。

剩下的便是故事，以及一个像是真的神话，虽然过了一段时间它让人大伤脑筋，但至少伤的是本书作者的脑筋，本书作者开始发现一种模式，虽然那显然不是《自恋症疫情》作者的本意：写下“感到特别是一种强大的激励形式”的劳伦；买古典音乐CD给婴儿的州长；拥有摄影棚的学前教育机构，以及三岁孩子歌唱自己的特殊性的学前机构；看见到处都是大房子的琳达；在禁水令期间浪费太多水的那个人：所有这些人都住在亚特兰大，或者在附近的佐治亚州雅典市。《自恋症疫情》的作者提到了一对年轻的中产夫妻，他们想给新房子装上“漂亮的深色木地板”，尽管这要花费5万美元，而他们正是住在“诸如达拉斯、亚特兰大、圣地亚哥那样的地方”[1]。

《自恋症疫情》里确实引用了几处在圣地亚哥的

---

1 Twenge and Campbell, *Narcissism Epidemic*, p.164.

自恋症例子，那是特温吉的故乡：除了深色木地板这个例子，作者还引用了圣地亚哥州立大学大三学生谈论她那一代人说的话，“但是我们很特别”[1]；一个年轻的圣地亚哥人在MySpace博客上写了一些文章，内容包括“我热爱派对”和“我的朋友比你的朋友要棒”[2]；另外，还是在圣地亚哥州立大学，三个女生参加了一年一度的“内裤赛跑”，她们穿的内裤在屁股位置写着“给我拍照”，然后她们确实被拍了许多照片。

但更多的逸事似乎集中在或是围绕在亚特兰大，《自恋症疫情》的另一个作者基斯·坎贝尔，还有塔克·麦克斯，以及当然，那个试图关闭桃树街的艾莉森，都来自亚特兰大。从亚特兰大市中心开始，往外延伸到近郊住宅区，即桃树街开始的地方。亚特兰大最重要的建筑都在桃树街上。《飘》的女主角郝思嘉就住在桃树街，所有的庆祝游行都沿着这条街走下去。桃树街实在太重要了，所以其他七十一条道路都以它命名：桃树步道、桃树环路、桃树大道、桃树路、新桃路、桃树

---

1 Ibid.，p.39.

2 Ibid.，p.115.

战役大道，等等。因此，如果你坐在一辆20世纪90年代末产的庞蒂克牌博纳维尔轿车的后座上，在亚特兰大近郊住宅区里游荡，陪男朋友——“浪漫关系对象”，他那时这么称呼自己——和儿时最好的朋友一起出去玩，这位好朋友上晚班，当天下午得给他的缓刑官付钱，可那整个下午他都在怂恿你的男朋友/对象为他付钱购买止痛药Percocet，怂恿他去见某个愿意收50美元给人开处方药的医生。这个医生的诊所只不过是一家街边小店，门上的招牌写着“您的家庭医生”，其中“家”字还挂歪了。最终这位好朋友总算打消了让你男朋友/对象帮他买药这个念头，却像把你和男朋友绑架了一样，强迫你们和他一起去取止痛药。他把车一路开到克罗格超市门口，可处方药却没像约好的那样一个小时之内就能取，甚至过了一个小时之后药都还没准备好。中途你们在山核桃小屋餐馆里吃了烤肉，然后去了塔克迈克运动酒吧喝百威啤酒。但即使这样的中途逗留也让你的对象感觉厌烦至极。吃饱喝足之后又是在亚特兰大城里一通乱开车，他在你前面的副驾驶座位上越坐越低，宛如小男孩试图在餐桌下消失一般。他的右臂假装悠闲地搭在头上，但手指却紧紧抓住头垫，而且因为抓得过紧而变得苍白没有血色。这场闹剧中的每一步，包括最终取药的部分，都是在亚特兰大近郊交错穿插，只是因为男朋友的这个最好的朋友忍受着身体和精神的巨大疼痛（腰椎间盘突出，经历极大的内在空洞或是极高的自尊，两者中某一个），如果在路上要等上超过十秒钟，他就会对占用车道的混蛋大发雷霆。为了避免交通堵塞，他会突然下高速，尝试走另一条路，然后掉头重新上高速，可是亚特兰大到处都在堵车，到处都是，一直堵着。然后你会发现，无论你走到哪里，到处都是桃树，桃树，桃树，而你也不知道自己到底有没有去过任何地方，因为你所看见的只有亚特兰大近郊住宅区和它们各自的桃树路。又或者你只是在绕着同一个地点不停旋转，从这个角度来看，有一种空洞似乎从亚特兰大蔓延出去，进入这个国家的其他地方，蔓延到整个地球，一刻不停。

“有时候我看见很多重大联系，”坎贝尔在一份鸣谢词里写道，“我甚至因而认为会有黑色直升机过来把我带走。”[1]

你写的任何书都是自己的精神病院，但一本关于自恋的书就像是精神病院里墙壁上装有软垫的病房。

---

1 Twenge and Campbell, *Narcissism Epidemic*, p.324.

*

在我开始研究这场疫情的这个冬天，二十四场暴风雪袭击了美国东北部：阿特拉斯（Atlas），在神话中他受到惩罚，必须靠双肩支撑起苍天；波瑞阿斯（Boreus），北方寒风之神；赫拉克勒斯（Hercules），最强壮的神；亚努斯（Janus），在罗马神话里他同时朝前和朝后看，过渡之神；马克西姆斯（Maximus），这不是哪位神明的名字，只是拉丁文“最伟大”的意思。那个冬天，我从纽约飞到西雅图，飞越密歇根湖时，我发现它冻住了。我发消息给住在密歇根大急流城（Grand Rapids）的兄弟：“你们那儿的河冻住了。我知道这点是因为你住在飞机过境的州，我真的刚刚飞过你的头顶。”他回复道：“我们都知道。”我的亚特兰大男朋友/浪漫关系对象会在我上班前穿衣打扮时给我发天气预报：“明天极度寒冷。”他会说：“星期三又会下雪，而且冷得刺骨。”一边解释他的苹果手机上的符号，一边抚摸他的胡子。甚至连亚特兰大都冻住了，在岸边能看到的地方都冻住了。在我的公寓里，我和圣地亚哥来的朋友蜷缩在沙发上，看下一场暴风雪的预报，嘲笑天气行业从业人员的用词：风暴会咆哮，掉下来冲击我们。“谁给这些玩意儿起的名字，”她一边笑一边说，“用神的名字来给它们命名？”在街上，我们耸着肩，带着一种顽强的精神，试图用冷漠抵挡寒冷，就像酒吧里的朋友身上带有的那种，也像地铁里的陌生人身上带有的那种。

是谁给去年的风暴起的名字？她的这个问题的答案是，这些名字是天气频道委托蒙大拿州博兹曼市（Bozeman）一所高中的拉丁文课的学生给起的。天气频道的某个人说：“如果复杂的暴风雪有名字的话，报道起来就会容易很多。”

*

一年过去了，又是一个寒冷的冬天，如果今年的风暴有名字的话，我还不知道它们会叫什么。亚特兰大来的这个男人现在自称为男朋友，一直在隔壁房间忙来忙去。大约一个小时里，一直能听到以悠闲的佐治亚州速度做早餐的声音。然后他打开了书房的门。

“早安。”他说。

“早安。”

他拣起一本《超越弗洛伊德》（*Freud and Beyond*）。“《超越弗洛伊德》，”他说，“这名字让我想朝自己脑袋开一枪。”

我在家里工作，生产“内容”，坐在这个房间里，阅读互联网上的文章，然后写有关互联网的文字。在这里只有电脑、桌子、书、一圈灯光。他拿给我一个盘子，坐在书桌旁的扶手椅上。但我们吃东西的时候，他告诉我来自宇宙的新闻：上个星期科学家发现了天体物理学意义上的宇宙的妊娠纹——宇宙大爆炸理论的第一个经验性证据。这意味着永恒膨胀的理论很可能是正确的，而且，因为我们最近一直给对方读天体物理新闻，我们知道这意味着可能有多重宇宙。在未来的几个月里，这个发现会被其他天体物理学家质疑，但当时我们还不知道这些。我们一起疑惑地摇着头，想象多重宇宙在彼此周围嗡嗡作响，或者甚至像一些天体物理学家猜测的那样，穿过彼此。

大部分时间里，我们坐在一间或两间房间里，抓紧每分每秒工作。互联网上的一个人告诉我，在未来五年里，1/3的美国人很可能会做同样的事情，独自在网上当自由职业者。

我给艾莉森发邮件，几个小时内她就把她的电话号码发给了我。“我的人生，”她说，“就是一本敞开的书。”

艾莉森告诉我：“‘我的甜蜜十六岁花季’里的

很多事情都和我没太大关系。”那是她父亲的派对——他早就计划好了一切，远在MTV找他们之前。当摄制组抵达的时候，已经没有什么要做的了，于是“很多时候都是在故意寻找材料” 。这个家庭假装筹划派对，假装购物，假装和派对策划师讨论要有入场庆祝游行。这些在那集节目里很明显就能看出来，我说，然后她笑了。“那就好。”她对此不太担心。对她而言，那一天她爸爸才是主角。“每个小女孩都想以某种方式模仿她的爸爸，”她说，“而那就是我模仿他的方式，举办一场盛大的派对。”

我指出，这个节目让人误以为事实与之相反，让人认为她是控制欲很强的少女，而她的父母都得按照她说的去做。她表示同意。“他们必须那么包装。倒不是说他们强迫你按照某种方式表演，”她这么提到MTV的摄制组，“或者按照另一种方式表演，但是有很多，像是引导性的问题，比如：‘哦，你希望这场派对很棒，你想你的朋友玩得很尽兴，是吧？’然后你就回答：‘是的。’然后他们就会说：‘你能重复我刚才说的吗？’然后你就说：‘没问题。’所以说，那也不能算是假的，但同时，也不是你自己想出来的。”

我想到了米尔格伦，想到MTV真人秀机器就像社会心理学实验室，我问她，按照他们所谓的好的电视节目的方式去表演，像个大明星一样过一天，这样的压力是不是能让她做平常不能做的事。她不同意这一点。她从小就一直在明星周围，她知道他们就和我们一样是平凡人。“我只是想让我爸爸拥有这个派对。”

事后这个节目让她感到很尴尬。在电视上看这个节目的时候她第一次认识到她讨厌自己的声音。去念大学的时候，她已经把这个节目抛在脑后，很少想起它。在迈阿密大学遇到德奎恩后的一个月，他从别人那里得知这个节目。“那还挺有意思的。”

他们坠入爱河，发现彼此惊人地相似但又有不同。他们在同一座城市长大，但艾莉森在最富有的巴克海特区长大，而德奎恩在最贫困的石头山（Stone Mountain）区长大。他没有“成功所需要的工具”，而她有，但是，她告诉我：“我总是会注意到那些没有这些工具的孩子。”在她的小型私立高中里，她对同一批人感到厌倦，他们总是和其他私立学校的孩子玩。她认为，在亚特兰大，“你不是被种族区分，更多情况下是被阶级区分”。和公立学校的孩子在一起的时候她注意到，他们中的一些人“很无知”，不是说他们不聪明，而是他们被人为地保持无知的状态。德奎恩因为四处旅行参加篮球比赛，了解到去别的地方能帮助你更好地看清自己生活的地方。当她在5岁时和全家去牙买加的时候，她就感受到了这一点。她相信，你必须离开自己所生活的地方，才能知道你在世界上应该成为什么样的人。如果不那么做，你就会被困在那里。她说，除非你亲眼见过，不然你怎么才能知道想要追求什么呢?

艾莉森和德奎恩的基金会旨在给亚特兰大的穷人家孩子提供“成功所需要的工具”，到目前为止，这意味着文具，不过艾莉森的目标更宏大：她想把他们从自己的社区带出去，去看戏剧、音乐剧，去博物馆，去感受更广大的世界，去接触艺术。从小时候起她就对一件事着迷，而那也是她的“甜蜜十六岁花季”里她觉得真正属于她的东西：她的派对主题是旅行。当她的父亲建议沿着桃树街庆祝游行的时候，她拒绝了；她无法理解庆祝游行和旅行有什么关系。但那是他的派对。

我问了她现在在做的事情——写博客，发穿新衣服的自拍，在线上表演自己的生活——这些事让千禧一代看起来如此神秘肤浅，而在年长的人眼里，又是如此虚荣。“我不同意我们更自恋这种说法，”她说，“不过这可能听起来比较自恋——我觉得你应该说的是，我们是关怀的一代。我们关心更多的人。”

这让我感到困惑，直到我意识到她的意思是我们关心更多的陌生人。“对的，”她继续说道，“我们关心陌生人。我们关心别人的经历，哪怕我们永远不会遇见他们。我关心那个我不认识的女孩，她和新婚丈夫一起收拾行囊，环游世界。我想阅读他们的经历；我很开心她分享了出来。也许她也想读我的故事。”我问她为什么会关心，她说：“因为我觉得从她身上我可以学到东西。”她说，她生活在一个很小的圈子里；她在网上遇到的任何人，如果她告诉一个朋友，然后那个朋友再告诉自己的朋友，那第三个人一定也认识第一个人。“我们彼此之间确实联系更加紧密，”她说，“很难找到一个没人知道的人。”

拿到咨询师学历后，她会给夫妻做咨询。她小时候是那种总是假装自己已经结了婚的小女孩，她有一个想象出来的丈夫，把玩具娃娃当自己的孩子；她一直都相信家庭，想要理解家庭如何运作，她觉得她这个年纪的女性不够重视长期承诺和婚姻。

摄影机无法展现她的未来，也无法在她十六岁生日那天展现太多，桃树街的六条行车道只有一条被关闭了五分钟，好让MTV拍摄，而且那完全不是她的主意。

*

在我的书桌上有一套六卷本编年体自传小说的第一册，这套书记录了挪威男子卡尔·奥韦·克瑙斯贾德（Karl Ove Knausgaard）日常生活的平凡细节。封面上是一张他的照片，犹豫地凝视着我，眉头紧皱。在第二册结尾的地方，他解释说他为什么写这本书，他如何对虚构小说失去了信心，因为它无处不在，一切都像是故事，甚至是新闻，互联网上的一切——一切变得如此虚假。我从书架上找出这本书，这样就能现在读给你听：

> 我过去无法这样写作，这行不通，每一句句子都需要深思熟虑，但你只是在编故事。它没有价值。虚构写作没有价值，纪实性叙事没有价值。我觉得唯一有价值、能够表达意义的体裁是日记和随笔，和叙事没有关系的那些文学类型，不关乎任何事情，只由声音构成，你自己的个性声音，一场人生，一张脸，你能看见的凝视。艺术作品如果不是另一个人的凝视，那还能是什么呢？既不俯视我们，也不

仰望我们，而是和我们自己的视线齐平。[1]

他对我皱着眉头，我也对他皱着眉头。

我不禁好奇，他说的这些和艾莉森想当然认为的有多大区别，因为我想要读你的故事，想要和你对视，所以我讲述自己的故事，而当我讲述的时候，我在寻找你。

把艾莉森的采访录音转录成文字的时候，我讨厌自己的声音，同时我也惊讶地意识到她的声音非常强大、非常放松。我出生在千禧一代和×世代之间的那段奇怪的时间里，既不觉得在网上完全自在，也不觉得没有互联网的世界能让我自在。但她听起来很自在。一想到现在每一个人都是艺术家，每天都在写自己的回忆录，在虚假里寻找真实，在真实里寻找虚假，彻底忘了柏拉图，再想到现在越来越难以找到一个没人知晓的人，而这还是一件好事，这一切让我感到紧张——你没有感觉到吗？——但同时也让我兴奋。

1 Karl Ove Knausgaard, *My Struggle: Book* 2, translated by Don Bartlett. New York: Farrar, Straus and Giroux, 2013, p.562.

*

楼上，我们楼上的公寓里，一只小狗在呜咽，而我感到紧张。我走到厨房找那个从亚特兰大来的男人。他鲜活明亮，有点奇怪，经常变化。白人男性，一头脏金色头发，蓄有胡子，说话带有一点佐治亚口音。我知道他的眼睛是绿色的，但当他穿蓝色衣服时它们看起来是深蓝色的，而当他穿棕色衣服时它们看起来是半透明的，带着一种闪光的银色。因为胡子的关系，他的眼睛是他的脸上最主要的部分。他的眼睛里有三种距离：近距、中距、远距。近距闪着光芒，当他喝醉了或者嗨了的时候就是近距；中距的时候，他的眼睛会蒙上一层闪烁的前景，观察每一个人；远距很少能被看见，而且非常忧伤。今天是中距。

我问他将来会发生什么。他通常会说："我不知道。"这是我们俩之间常讲的笑话，时不时拿出来开玩笑，就像播放一首喜欢的歌。但这次，他说，等我们50岁的时候他就会告诉我们。

我比他大，所以我说："是我50岁的时候还是你50岁的时候？"

他说，到那个时候，我们俩的年纪就一样了。

"为什么？"我说。

他喜欢冯内古特。他说："我们可以挣脱时间的羁绊。"

桃树街闹剧后的那个上午，我们在佐治亚州的雅典市醒来，三小时以前我们应该在一小时车程外的华夫饼屋和他父母见面。在当时那种情况下，一切都一塌糊涂，所以，你似乎终于可以被当作一个彻底的混蛋了。"我们该怎么办？"我问他。他说了同样的话："我们可以挣脱时间的羁绊。"

"冯内古特说的是，"今天我回复道，"创伤对精神的影响。"

爱丽丝·米勒的一句话一直在我脑中萦绕，这句话讲的是狂妄自负的和抑郁的人，讲的是纳西瑟斯和厄科："两者中没人能接受事实，承认爱已经在过去遗失或缺席，无论怎样努力都无法改变这个事实。"这是我在读了那么多心理学文章后学到的主要内容：将来永远都试图让人感觉像是过去。当将来确实和过去感觉一样时，它感觉就像是自私、受伤，在他人手里遗失。诀窍是让它放空。也许这是另一种挣脱时间羁绊的方法。

在好几年里，每当他转过身去时，我通过剧本来填补空白，但现在他一直在这里，他不会离开，即使如此接近，他的头脑——别人的头脑——可以变得陌生空白。你可以用有关冷酷和邪恶的故事来填补空白。你可以试图追逐它，捆绑它，并向其宣战，但它仍是一片空白。你可以对自己的依赖性、对自己那无法满足的对他人的绝对需求大发雷霆，但他者仍在他们的宇宙中心，以他们自己的方式，但那不是他们的过错，那种中心里总有一部分是没有你的。你可以研究它，用理论分析它，但如果那空白还不是无底的，爱永远无法长久。

也许那不是应该逃离的东西，而是一种最棒的东西，无论我们如何尝试努力研究他们，他人的自我总能挣脱捕捉。他人的自私是我们应该面对的东西，一种礼物：它能把过去从你恐惧的未来里清空。

他人的自私是当他们的凝视离去时、你的依赖性被揭露时的感觉。你的独立性赤裸裸地露在外面，就像神话。你自己作为动物的感觉，生自别的动物，由与它们镜像映射构成。

他人的自私是时间穿过你的感觉；历史就是这种感觉。

他人的自私是中心转移的感觉，它的知识从未在你之下。生活在物理空间里的感觉。

我公寓的门把手松了，因为过去我没有修它，除非我去修它，不然在我每一个未来里，也在下一个搬进这里的人的未来里，这个门把手都是坏的。外面是由褐沙石建筑和林立的树木构成的街区，是士绅化的布鲁克林。天气很冷，大部分人行道上的雪已经铲好了，雪堆积在一旁，一辆车的轮胎打滑，发出刺耳的声响。天气冷得几英里外的大西洋都结了冰。但在表面下，鱼儿游得更加缓慢，扁鲹、鲽鱼、鲈鱼、飞鱼，还有水母和海龟，长须鲸和小须鲸、海豚、鲨鱼，不管有多少剩下。

我一直在室内，在网上阅读心理学文章，长期担心我的密友，以至于迎面走来的路人都像是《小蜜蜂》电脑游戏里的外星人，一直在屏幕里下降。我走得很慢，一个男人一边发脾气一边从我身后走过。“他妈的，你走路好好看路呀。”一家人占据了地铁入口处的人行道，他们折起婴儿车，帮助一个小孩走下台阶，当我试图绕过他们的时候，我热血沸腾，呼吸急促。

然后是物理空间的感觉，一种有东西落在身后的感觉，当我们被锁在道德诊断里时。在这条街下是美国历史上第二大的石油泄漏事故。每隔几星期或者几个月，我的楼里就会有一股化学产品的气味，街区另一端在施工。我向雪堆里扔了一个烟头，它在雪里融开了一个炽热的洞，然后消失了。它在我身后，在另一个人身前。

我自己的自私感觉缺席了：我留在身后的垃圾在我的生命里缺席了，这个垃圾成了别人必须借以生存的结构，破碎的信，更温暖的空气，更慢的鱼，上升的海洋：我感受不到的事物，成为别人世界的形状。

我个人的未来闻起来像是过去，看起来像是公寓。它来到我面前，以创造宇宙的爆炸形式，以即将毁灭的建筑的形式，过去的垃圾，当下的战争和贫穷的难民，即将到来的洪水，缓慢的鱼。但到目前为止，它没有感觉。它不需要充满自私。还有时间去回到别人的将来，凝视着我们留在身后试图修补的灾难。我的自私不为人所见，直到春天，当世界变得温暖，雪融化了，另一个人转到这个街角，发现这个布满垃圾的街道。

自恋恐惧症

一种普遍的行为模式，疑神疑鬼（表现在幻想或行为中），分裂（把人、事件和世界分为好的和邪恶的，真实的和虚假的，深刻的和肤浅的，等等），把一切当成灾难，起始于成年早期，存在于各种背景下，症状至少包括以下列举的九种：

1. 一心认为他或她被为一己私欲操纵他或她的人所包围。

2. 极度需要消除疑虑，相信他人的化身背后是有“真正的”人。

3. 倾向花大量时间在网上“做研究”，为感情伴侣、家庭成员、有时甚至是陌生人寻求诊断。

4. 一心幻想“真实生活”关系，并拿它们与有意义的虚拟形式关系进行对比。

5. 相信他或她是“特别的”，罕见的不自私的人，只能被其他自私分数很低的人理解，也只能和他们产生联系。

6. 对共情具有夸大感（比如夸大对他人动机和感受的理解，程度超越量化的共情大脑扫描分数）。

7. 缺乏共情：不同寻常地快速根据肤浅的交流对别

人做判断；倾向在与他人对话中突然跑开。

8. 反复改变对个人快乐资源的培养，代价是自由职业者的生产率/页面浏览量；通常无法去现场会面。

9. 无法对洪水的到来担负责任；一心幻想世界的毁灭是由他人的自私造成的。

《精神疾病诊断与统计手册》第六版提议条目（2026年版）

部分参考书目

完整参考书目清单请见作者的个人网站：

www.kristindombek.com。

American Psychiatric Association. *Diagnostic and Statistical Manual of Mental Disorders*. 3rd ed. (DSM-Ⅲ). Washington, D.C., 1979.

______. *Diagnostic and Statistical Manual of Mental Disorders*. 5th ed. (DSM-V). Washington, D.C., 2014.

Baron-Cohen, Simon. *The Science of Evil: On Empathy and the Origins of Cruelty*. New York: Basic Books, 2011.

Decety, Jean, and William Ickes, eds. *The Social Neuroscience of Empathy*. Cambridge: MIT Press, 2009.

Freud, Sigmund. *An Outline of Psychoanalysis*. In *The*

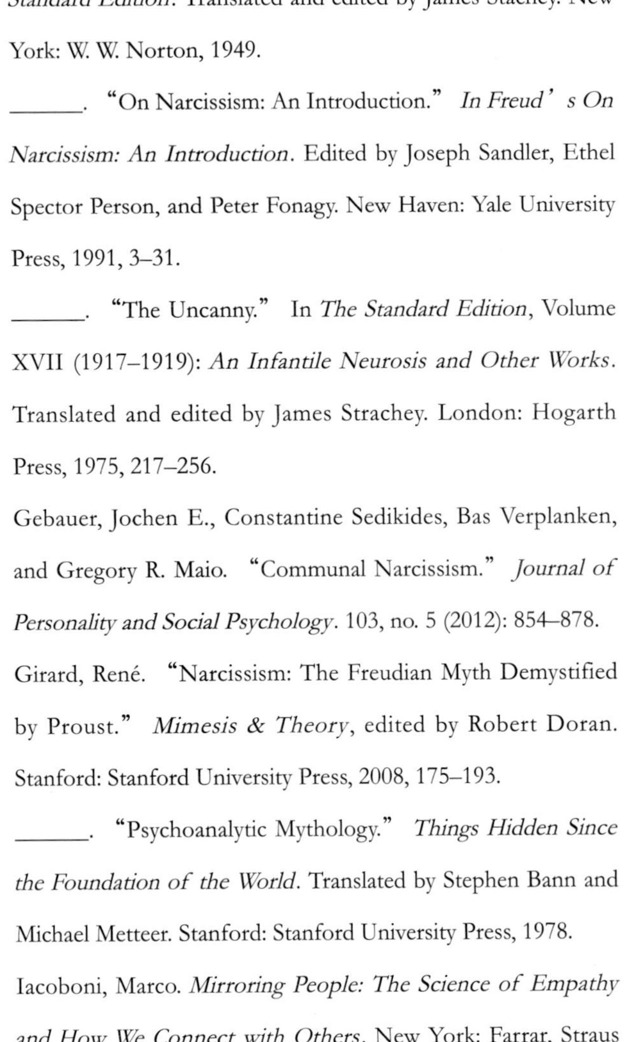

Standard Edition. Translated and edited by James Stachey. New York: W. W. Norton, 1949.

______. "On Narcissism: An Introduction." *In Freud' s On Narcissism: An Introduction*. Edited by Joseph Sandler, Ethel Spector Person, and Peter Fonagy. New Haven: Yale University Press, 1991, 3–31.

______. "The Uncanny." In *The Standard Edition*, Volume XVII (1917–1919): *An Infantile Neurosis and Other Works*. Translated and edited by James Strachey. London: Hogarth Press, 1975, 217–256.

Gebauer, Jochen E., Constantine Sedikides, Bas Verplanken, and Gregory R. Maio. "Communal Narcissism." *Journal of Personality and Social Psychology*. 103, no. 5 (2012): 854–878.

Girard, René. "Narcissism: The Freudian Myth Demystified by Proust." *Mimesis & Theory*, edited by Robert Doran. Stanford: Stanford University Press, 2008, 175–193.

______. "Psychoanalytic Mythology." *Things Hidden Since the Foundation of the World*. Translated by Stephen Bann and Michael Metteer. Stanford: Stanford University Press, 1978.

Iacoboni, Marco. *Mirroring People: The Science of Empathy and How We Connect with Others*. New York: Farrar, Straus and Giroux, 2009.

Kant, Immanuel. *Grounding for the Metaphysics of Morals*. 1785. 3rd ed. Translated by James W. Ellington. Indianapolis, IN: Hackett, 1993.

Keller, Catherine. *Apocalypse Now and Then: A Feminist Guide to the End of the World*. Boston: Beacon Press, 1996.

Kernberg, Otto. *Borderline Conditions and Pathological Narcissism*. Lanham: Rowman and Littlefield, 1975.

Kohut, Heinz. *The Analysis of the Self: A Systematic Approach to the Psychoanalytic Treatment of Narcissistic Personality Disorders*. New York: International University Press, 1977.

______. *How Does Analysis Cure?* Chicago: University of Chicago Press, 1984.

______. *The Two Analyses of Mr. Z. The International Journal of Psychoanalysis* 60, no. 1 (1979): 3–27.

Lasch, Christopher. *The Culture of Narcissism: American Life in an Age of Diminishing Expectations*. 1979. Reprint, New York: W. W. Norton, 1991.

Lunbeck, Elizabeth. *The Americanization of Narcissism*. Cambridge: Harvard University Press, 2014.

Manne, Anne. *The Life of I: The New Culture of Narcissism*.

Melbourne, Australia: Melbourne University Press, 2014.

Milgram, Stanley. *Obedience to Authority: An Experimental View*. New York: Harper Perennial, 1974.

Millard, Kathryn. "Revisiting Obedience: Exploring the Role of Milgram's Skills as a Filmmaker in Bringing His Shocking Narrative to Life." *Journal of Social Issues* 70, no. 3 (2014): 439–455.

Miller, Alice. *The Drama of the Gifted Child: The Search for the True Self*. Translated by Ruth Ward. 1979. Reprint, New York: Penguin, 1997.

Mitchell, Stephen A. and Margaret J. Black. *Freud and Beyond: A History of Modern Psychoanalytic Thought*. New York: Basic Books, 1995.

Morton, Adam. "Empathy for the Devil," in *Empathy: Philosophical and Psychological Perspectives*. Oxford: Oxford University Press, 2011. 318–330.

My Super Sweet 16. MTV, season 4, ep. 1 ("Allison"), January 8, 2007.

Ovid. *The Metamorphoses*. Translated by Horace Gregory. New York: Viking, 1958.

Strozier, Charles. *Heinz Kohut: The Making of a Psychoanalyst*.

New York: Other Press, 2001.

Talese, Gay. *Thy Neighbor's Wife*. New York: Harper Perennial. 1980. Reprint, New York, Harper Perennial, 2009.

Twenge, Jean M., *Generation Me*. New York: Simon & Schuster, 2006.

Twenge, Jean M., and W. Keith Campbell. *The Narcissism Epidemic: Living in the Age of Entitlement*. New York: Simon & Schuster, 2009.

Twenge, Jean M., W. Keith Campbell, and Brittany Gentile. "Changes in Pronoun Use in American Books and the Rise of Individualism, 1960–2008." *Journal of Cross-Cultural Psychology* 44, no. 3 (2012): 406–415.

鸣谢

我想感谢在写作过程中给予我支持和建议的人，包括对草稿提出重要意见的人：妮可·卡里汉，玛丽昂·冉恩，斯威特拉娜·查科娃，凯瑟琳·奈克斯，梅尔·弗拉什曼。我至深的感谢献给梅尔，我伟大的朋友和经纪人，她的想法和问题一直给我启发。我与两位杰出的编辑——邀请我写这部随笔的米兹·安吉尔和帮助我完成这部著作的洛伦·斯坦——合作，这非常罕见，在他们身上我学到了许多东西，我也很感激他们对我的理解。我感谢约翰·奈特，以及法勒-斯特劳斯-吉鲁（FSG）出版社所有为这本书的出版付出耐心和细心工作的员工。感谢罗娜·杰夫基金会、戴娜·托托里奇和n+1基金会、伊米泰提奥基金会在写作期间提供的支持。感谢阿曼达·欧文·威尔金斯，以及我的精神家园普林斯顿创意写作项目的所有人，感谢我的学生向我展示关于他们以及未来的瘟疫预言都是错的。衷心地感谢艾莉森·马蒂斯·琼斯，她慷慨地代表了一整代人。当我花太长时间阅读心理学研究和励志自助网站时，电话里她温暖的声音给了我希望。没有斯黛芬妮·K.霍普金斯，这本书就写不成，感谢你教会我的一切。感谢道恩·伦迪·马丁，感谢你思考和生活的方式，对你们俩，对壁炉、野餐桌、你的写作，我致以最深的感谢。最后，感谢小威廉姆·马丁，谢谢你作为我最好的朋友和最强大的激励者，我的缪斯和家，感谢你为我们俩所经历的一切做的贡献，感谢你这个无与伦比的自我，一生感谢。